Oscar Wunderlich

Ueber Wiedereinführung der Erbpacht

Oscar Wunderlich

Ueber Wiedereinführung der Erbpacht

ISBN/EAN: 9783744627573

Hergestellt in Europa, USA, Kanada, Australien, Japan

Cover: Foto ©Suzi / pixelio.de

Weitere Bücher finden Sie auf **www.hansebooks.com**

Ueber Wiedereinführung der Erbpacht.

Inaugural-Dissertation

zur

Erlangung der Doctorwürde der hochlöbl. philosophischen Facultät

der

Albertus-Universität zu Königsberg in Pr.

vorgelegt und

am Mittwoch den 30. Juli 1884, Vormittags 12 Uhr

mit den beigefügten Thesen

öffentlich vertheidigt

von

Oscar Wunderlich.

Opponenten:

Hugo Laehr, Landwirthschaftslehrer an der landwirthschaftlichen Schule zu Marienburg West-Pr.
Gustav Becker, stud. agron.

·→·←·

Königsberg in Pr.
R. Leupold's Buchdruckerei.
1884.

Seinem verehrten Lehrer

Herrn Prof. Dr. Freiherrn v. d. Goltz

in Hochachtung gewidmet

vom

Verfasser.

Während noch vor wenigen Jahren es allerseits in Abrede gestellt wurde, dass die Landwirthschaft in irgend einer Weise die Zeichen eines herannahenden Nothstandes an sich trage, und, falls irgend ein Grundbesitzer darüber Klagen laut werden liess, diesem als Ursache seine schlechten Verhältnisse und eigne irrationelle Wirthschaft entgegen gehalten wurde, sehen wir heute die sogenannte agrarische Frage von Seiten der Wissenschaft in den Vordergrund der Diskussion gestellt und von den hervorragendsten Vertretern der Nationalökonomie sowie der Landwirthschaft zum Gegenstande ihrer unausgesetzten Beachtung gemacht.

Männer wie Roscher[1], Schmoller[2] und Stein[3][4], alle sind darüber einig, dass ein Nothstand in der deutschen Landwirthschaft existirt.

Fragen wir nach den Merkmalen desselben, so finden wir diese in der im stetigen Zunehmen begriffenen immer ungesunder werdenden Missvertheilung des Grundeigenthums in den verschiedenen Territorien. Während auf der einen Seite ein Anwachsen des Grossgrundbesitzes zu Latifundien sich bemerkbar macht, mit allen Nachtheilen jener, schon in der alten Culturwelt als Krebsschaden bekannten Besitz-

---

[1] in Band XXI der deutschen Monatsschrift „Nord u. Süd" 1882.
[2] in den letzten Jahrgängen seines „Jahrbuches für Gesetzgebung, Verwaltung und Politik".
[3] Die drei Fragen des Grundbesitzers und seiner Zukunft 1881.
[4] Bauerngut und Hufenrecht 1882.

form, welche dem älteren Plinius zu dem bekannten Worte Veranlassung gab: „Latifundia Italiam perdidere" und welche noch heute für die englische Nation als so verderblich erscheint, sehen wir auf der andern Seite den landwirthschaftlichen Betrieb jener kleinsten Wirthschaftsform, der Zwergwirthschaft verfallen, deren wirthschaftliche Nachtheile nicht minder schwer sich erweisen, wie die der Latifundia. Ein Mittelglied, ein gesunder kräftiger Bauernstand, ist hier verschwunden. Er existirt nicht mehr. Er hat theilweise vielfach sein Heil in der neuen Welt versucht, theils ist er auf andere Weise zu Grunde gegangen. Ein nicht minder bedenkliches Symptom finden wir in dem Anwachsen des landwirthschaftlichen Proletariats, der grössten Plage für die Volkswirthschaft.

Eine auf landwirthschaftlichem Gebiete als Theoretiker vielfach massgebende Autorität, Meitzen, ist der Ansicht, dass die Gegenwart über die Gefahr für das mittlere Grundeigenthum in seinen verschiedenen Abstufungen aus dem socialen und wirthschaftlichen Leben glücklich hinausgekommen sei [1]). Noch in seiner Landwirthschaft [2]) kommt Meitzen zu dem Resultate, dass weder von einem Missverhältnisse des zersplitterten Kleinbesitzes, noch von irgend einem erheblichen Fortschreiten desselben gesprochen werden könne, wobei er sich auf eine etwas veraltete Statistik stützt. Er führt nämlich an, dass zwischen 1816 bis 1859 in Preussen der Grossgrundbesitz nur um 2,21 pCt., der Kleinbesitz nur um 0,48 pCt. sich vermehrt, der mittlere bäuerliche Besitz dagegen um nicht mehr als 2,69 pCt. sich vermindert habe. Zu dem entgegengesetzten Resultate kommt, gestützt auf die neuesten statistischen Erhebungen

---

1) Der Boden und die landwirthschaftlichen Verhältnisse des preussischen Staates 1868. I 418.

2) Bei Schönberg. Handbuch der politischen Oekonomie 1882. I 706.

und Berechnungen, namentlich auf die bis 1874 erschienenen Jahresberichte über den Zustand der Landeskultur, sowie auf den Bericht des Ministers v. Friedenthal über die landwirthschaftliche Verwaltung in den Jahren 1875—1877 und 1877—1880, v. Miaskowski[1]), nach dessen Forschungen, namentlich in den 6 östlichen Provinzen Preussens, in denen er ausserdem nur einen verhältnissmässig geringen Theil des Grund und Bodens besitzt, der mittlere spannfähige Bauernstand eine stetige und rapide Abnahme erfährt. Wir verdanken ferner der Anregung des Vereins für die Socialpolitik ein soeben beendetes Sammelwerk [2]), welches agrarische Local- und Provinzialschilderungen der verschiedensten Theile Deutschlands enthält, indem es hauptsächlich die günstige oder ungünstige Grundeigenthumsvertheilung in denselben ins Auge fasst. v. Miaskowski, wie auch die Autoren des genannten Sammelwerks in ihren Berichten, kommen zu dem Resultate, dass der bäuerliche Mittelstand im Nordosten, d. h. den östlichen Provinzen Preussens, Mecklenburg und einem Theile von Schleswig-Holstein durch den Grossgrundbesitz, im Südwesten von Deutschland durch den aus der Zersplitterung der Bauerngüter entstandenen kleinsten und Zwerggrundbesitz verdrängt werde. In den allermeisten Fällen sehen wir diese Erscheinungen sich in der Weise vollziehen, dass entweder der benachbarte Grossgrundbesitzer den kleineren aufsaugt, oder dass, in der Regel mit Hülfe eines Geldverleihers und Vermittlers, das Grundstück zerschlagen und in Parzellen verkauft wird. Durch beide Bewegungen wird der mittlere Besitz vermindert, bröckelt ein Glied nach dem andern aus dem landwirthschaftlichen Mittelstande.

---

1) Das Erbrecht und die Grundeigenthumsvertheilung im Deutschen Reiche 1882.
2) Bäuerliche Zustände in Deutschland. Bericht, veröffentlicht vom Verein der Socialpolitik, 2 Bände, 1883.

Fragen wir nach der Ursache dieser Erscheinungen, so finden wir dieselbe in der bisherigen Richtung unserer Agrargesetzgebung, in der Begünstigung des mobilen Kapitals gegenüber dem immobilen, namentlich in dem Umstande, dass sowohl für den beweglichen, wie auch für den unbeweglichen Besitz nur ein und dieselbe Verschuldungsform, nur ein und dasselbe Erbrecht existirt und nicht vielmehr, der eigenartigen Natur des immobilen Besitzes entsprechend, Verschuldungsform und Erbrecht für denselben verschieden gestaltet ist. Die Creditform des kündbaren Darlehns ist für das mobile Kapital gewiss im höchsten Grade angemessen, denn dem Kaufmann, dem Gewerbetreibenden, welcher seine Waaren umsetzt, fliessen die im Interesse seines Betriebes aufgenommenen Kapitalien als solche wieder zu. Durch die Summen, welche er durch Veräusserung seiner Waaren und Fabrikate gewinnt, werden ihm die Darlehne, welche er zur Fortführung seines Geschäftsbetriebes aufgenommen hat, mit Leichtigkeit wieder gedeckt; dagegen ist diese Form mit dem Interesse des ländlichen Grundbesitzes nicht in Einklang zu bringen, denn der den Acker bestellende Grundbesitzer, welcher ein Kapital auf die Cultur seines Bodens verwendet hat, kann dasselbe nicht willkürlich wieder ablösen. Es wird ihm meist nichts anderes übrig bleiben, als dasselbe, falls es ihm gekündigt wird, durch Aufnahme eines neuen Hypothekenkapitals abzuzahlen, da seine Erträge meistens hierzu nicht ausreichen. Das frühere Recht hatte für die Verschuldung des Grundbesitzes verschiedene, wohl angemessene Formen, wie Rentenkauf etc. Alle diese Formen mussten der modernen Rechtsentwickelung weichen. Ihre Stelle hat mit Unrecht die Form des kündbaren Darlehns eingenommen. Auf der andern Seite liegt die Schädigung des Grundbesitzes in der Beibehaltung des gleichen Erbrechts, welches zwar dem Wesen des seiner Natur nach unbeschränkt theilbaren und unbeschränkt vermehrbaren mobilen Kapitals entspricht, nicht aber dem Interesse des Grundbesitzes, dessen Natur die von Generation zu Generation sich wiederholende Zersplitterung des Grund und Bodens widerspricht.

Haben wir so gesucht, die Ursache jener ungünstigen Entwickelung in der Vertheilung des Grundeigenthums aufzusuchen, so tritt demnächst die Frage an uns heran, ob es Mittel und Wege giebt, dieselbe zu paralysiren und ob namentlich der Staat etwas thun könne, um die Wiederaufrichtung resp. Kräftigung eines bäuerlichen Mittelstandes herbeizuführen resp. um der stets zunehmenden Vermehrung des ländlichen Proletariats einen Damm entgegen zu stellen. Um dieses Ziel zu erreichen, hat man in neuerer und neuester Zeit viele Mittel in Vorschlag gebracht und als eines der vorzüglichsten empfohlen die Wiedereinführung von Verhältnissen analog den durch das preuss. Gesetz vom 2. März 1850 aufgehobenen Erbpacht- und Erbzinsinstitutionen.

Man kann wohl sagen, dass die Erbpachtfrage in neuester Zeit zu einer brennenden geworden ist. Theoretiker wie Practiker haben sich angelegentlichst mit derselben beschäftigt. Berührt wurde das Thema zuerst bei der Berathung des Entwurfs des preussischen Staatshaushaltsetats für 1874 im Abgeordnetenhause und zwar bei dem Etat der Domainenverwaltung in der Sitzung vom 4. December 1873 vom Abgeordneten Miquel[1]). Miquel regte hierbei die Frage an, ob es sich nicht im allgemeinen staatswirthschaftlichen und socialen Interesse empfehlen würde, behufs Bildung und Erhaltung spannfähiger Bauernhöfe die Erbpacht oder ein derselben ähnliches Verhältniss wieder herzustellen. Doch sprach er sich damals noch für keinen

---

1) Stenographische Berichte pro 1873 Seite 184.

bestimmten Antrag aus und wurde auch auf die angeregte Frage nicht tiefer eingegangen. Die ganze Frage wurde dann später von Nasse wissenschaftlich bearbeitet. Derselbe spricht sich in seinem Aufsatze „Die wirthschaftliche Bedeutung von Erbzins- und Erbpachtsverhältnissen" [1]) über die juristische und volkswirthschaftliche Natur des Erbpachtverhältnisses aus und macht auch gewisse Vorschläge, wie wohl die Gesetzgebung einschreiten könnte und was etwa zur Wiederbelebung derartiger Einrichtungen zu thun sei. Demnächst beschäftigte sich das neuorganisirte Königl. Preussische Landesökonomiecollegium in seiner Sitzung vom 23. Januar 1879[2]) mit dieser Frage und wurde unter dem zustimmenden Beifall der Majorität desselben ein von dem Landesökonomierath Dr. Korn gestellter Antrag angenommen, dahin lautend,

„Das Collegium wolle den Herrn Minister ersuchen, die Frage einer eingehenden Prüfung zu unterziehen, ob und in wieweit es sich empfehle, behufs energischer Förderung der Colonisation und Besiedelung beziehungsweise behufs Vermehrung der sesshaften ländlichen Arbeiterbevölkerung eine Aenderung der Gesetzgebung in derjenigen Richtung zu bewirken, dass die Wiederherstellung von Verhältnissen ähnlich der Erbpacht oder der Erbzinsleihe oder der Emphyteuse es ermögliche, Grundbesitz auszugeben unter Garantie dafür, dass die ausgegebenen Parcellen zur Errichtung und dauernden Erhaltung kleiner Wirthschaften seitens einer sesshaften, der ländlichen Arbeit zugewandten Bevölkerung benutzt werden."

[1] Landwirthschaftliche Jahrbücher von Nathusius und Thiel. Band VII 1878 S. 41 ff.
[2] Antrag, Referate und Verhandlungen in den landw. Jahrbüchern von Nathusius und Thiel. Berlin 1880. VIII. Band Suppl. II S. 114 u. 162 ff.

Der letzte, der diese Frage zum Gegenstande einer wissenschaftlichen Untersuchung gemacht hat, ist Ruprecht[1]). Derselbe legt nach einer historischen Uebersicht über die Entstehung und Ausbreitung des Erbpachtverhältnisses auf römischem sowie auf germanischem Boden zunächst die Uebelstände dar, welche mit dem alten Erbpachtverhältnisse verbunden waren und untersucht dann, in wie weit die Erbpacht, namentlich zur Beförderung der im Kornschen Antrage erwähnten Desiderata dienen könne, wie ein neues Erbpachtverhältniss etwa juristisch zu construiren und wie endlich die Gesetzgebung zur Verwirklichung der von ihm aufgestellten Postulate sich zu verhalten habe. Er kommt in Uebereinstimmung mit Nasse zu dem Resultat, dass das neue Institut bestehen müsse in der Ueberlassung von Grundeigenthum unter Auflegung einer unkündbaren Rente und unter Vorbehalt des Rechtes, dass eine Theilung des verkauften Grundeigenthums ohne Genehmigung des Verkäufers nicht stattfinden darf, eines Verkaufsrechtes, sowie eines beschränkten Consensrechtes zu Veräusserungen im Ganzen bei kleinen Erbpachtungen.

Wenn wir zunächst einen Blick werfen auf die historische Entstehung und Ausbreitung der Erbpachtverhältnisse, so besitzen wir hierüber eine gründliche und allseitig erschöpfende Darstellung derselben in der bereits erwähnten Schrift von Nasse[2]), nach deren Erscheinen neues Material und neue Gesichtspunkte auch von dem letzten Schriftsteller Ruprecht nicht mehr vorgebracht worden sind. Es dürften deshalb die in jener Schrift gefundenen Resultate für jetzt wohl als völlig abschliessend erscheinen. Fassen wir dieselben unter Berücksichtigung der seither erschienenen Literatur in einem längeren Resumé zusammen, so sehen

---

[1] „Die Erbpacht". Ein Beitrag zur Geschichte und Reform derselben, insbesondere in Deutschland. Göttingen 1882.
[2] a. a. O. S. 50 ff.

wir, dass sowohl bei der römisch-rechtlichen Emphyteuse, wie auch bei den deutsch-rechtlichen Erbpacht- und Erbzinsverhältnissen stets als erstes Postulat grosses bisher extensiv bewirthschaftetes Grundeigenthum gegolten hat. So entstanden zur Zeit der römischen Kaiser in der westlichen Hälfte des römischen Reiches die Emphyteusen vor Allem auf dem grossen Besitze der italienischen Landgemeinden oder Municipien, welche die Nutzung dieser Grundstücke gegen einen festen unablösbaren Zins (pensio, vectigal) kleinen Erbpächtern überliessen, (jus in agro vectigali). Diese Art der Nutzung des Besitzes erschien bei den damaligen Verhältnissen als die einfachste, beste und sicherste. Neben den Municipien verpachteten in dieser Weise die Priestercollegien (collegia sacerdotum) und die Vestalinnen den ihnen gehörigen Antheil am ehemaligen ager publicus. Viel später, zur Zeit der christlichen Kaiser entwickelte sich in der östl. Hälfte des römischen Reiches, besonders in Mesopotamien u. Pontus die Emphyteuse auf den grossen Latifundien des Kaisers und des Fiskus (agri juris emphyteuticarii.) Zunächst waren es, wie auch der grammatische Sinn des Wortes Emphyteuse zeigt, unbebaute Ländereien, welche der Empfänger (Emphyteuta) unter der Bedingung der Kultur gegen die Verpflichtung eines Erbzinses vom Kaiser oder Fiskus erhielt. Später aber wurden, da es in der Provinz an Sklaven fehlte, die Ländereien, um bessere Einkünfte zu gewinnen, allgemein den Bauern gegen einen festen Zins überlassen[1)][2)][3)]. Wie auf römisch rechtlichem Boden diese Verhältnisse auf dem grossen Besitze der Municipien und geistlichen Körperschaften der kaiserlichen und fiskalischen Latifundien entstanden, so waren es auf

---

1) Mommsen, Römische Geschichte. Band 1. S. 171.
2) v. Savigny, Recht des Besitzes. 1837. S. 127 ff.
3) Kunze. Institutionen und Geschichte des römischen Rechtes, 1869 I. S. 156 ff.

deutsch rechtlichem Gebiete zum Beginn des Mittelalters die ausgedehnten Besitzungen der grossen Grundherren, nämlich des römischen Klerus, der Fürsten und des Adels, auf denen sie Wurzel fassten, denn die Grundherrn sahen hierin ebenfalls ein Mittel, um ihren Grundbesitz auf's Beste und Bequemste zu verwerthen. Nach den Forschungen von Waitz[1], Arnold[2] und v. Inama-Sternegg[3] scheinen die Verleihungen von Grund und Boden zu erblichem Besitz hauptsächlich in den beiden Formen der Oblation und der Colonisation vor sich gegangen zu sein. Im ersteren Falle trugen, besonders seit dem Beginn des IX. Jahrhunderts, unter dem Einflusse der immer drückender werdenden Heerbannpflicht die meisten kleinen Grundeigenthümer den grossen Grundherren ihren Grundbesitz zum Eigenthum auf, um ihn nachher als erblichen Besitz gegen einen festen Zins wieder zurückzuerhalten und Schutz oder andere Vortheile seitens der letzteren zu erlangen. Eine zweite Form war die der Colonisation. Die eben erwähnten grossen Grundherren, Adel und Klerus, waren bei Beginn des Mittelters in den Besitz enormen Grundeigenthums gelangt, welches zu jener Zeit fast allein wirtschaftliche Macht, politische und sosiale Stellung verlieh. Wollten jene Stände im Besitze dieses Einflusses bleiben, so mussten sie auch im Besitz ihres Grundeigenthums bleiben. Da sie ihre weit ausgedehnten Latifundien, von denen ein grosser Theil noch unkultivirt da lag, durch Administration nicht gut auszunutzen vermochten, da bei der noch sehr unvollkommenen Entwickelung des Marktes und dem fast gänzlichen Fehlen des Geldcapitals bei einem Verkaufe

[1] Deutsche Verfassungsgeschichte, 1882. Band II. S. 250 ff.
[2] Wanderungen und Ansiedelungen deutscher Stämme. „Geschichte des Eigenthums in den deutschen Städten", 1861, S. 13 ff.
[3] Ausbildung der grossen Grundherrschaften in Deutschland während der Karolingerzeit, 1879, S. 54 ff.

ihnen auch ein Aequivalent überhaupt nicht geboten werden konnte, so war das beste und einfachste Mittel, das Grundeigenthum zu nützen, dasselbe in Erbzins auszuthun und aus mehr bevölkerten Landstrichen Ansiedler zur Urbarmachung und Cultivirung der Landstrecken heranzuziehen. Erst mit der Entwickelung des Geldcapitals wurde die Möglichkeit geboten, Grundeigenthum zu kaufen und mit diesem Zeitpunkte nimmt auch die Ausdehnung der Erbzinsverhältnisse wieder ab. Seitdem die Städteverfassung sich mehr und mehr ausbreitete, und die Städte besonders im südwestlichen Deutschland in ihren Umgebungen sich umfassendes Grundeigenthum erwarben, wandten auch sie diese Form an, da sie bei derselben ebenfalls am Vortheilhaftesten wegkamen. Mit dem Beginne der neuern Zeit erhält die Erbpacht wieder eine vergrösserte Bedeutung. Wie im Mittelalter besonders die Kirche und die grossen Feudalherren, so versuchten jetzt die Landesherren ihre Domainen durch Erbpacht zu nützen. Was speciell die preussische Domainenpolitik anlangt, so war bei Beginn der Herrschaft der Hohenzollern der fürstliche Haus- und Domainenbesitz auf ein Minimum reducirt und bedurfte es erst der Arbeit eines ganzen Jahrhunderts, um die versetzten, verpfändeten oder verliehenen Domainen wieder in die Hand des Landesherrn zurückzubringen[1]). Als nun aber mit der Mitte des 17. Jahrhunderts das junge brandenburgisch-preussische Staatswesen sich auch in Bezug auf seine Wehrkraft eine achtunggebietende Stellung unter den Territorien zu erringen wusste, mussten die preussi-

---

1) Hist. pol. geogr. statist. milit. Beiträge, die Königlich preussischen und benachbarten Staaten betreffend, 1782. Th. II. Bd. I, S. 94 ff. — Isaacsohn, das Erbpachtsystem in der preussisch. Domainenpolitik in Rösslers Ztschr. für Preuss. Geschichte und Landeskunde, Band XI. 1874. S. 698—736. — Nassa a. a. O., S. 56 ff. — Ruprecht a. a. O., S. 20 ff. — Stadelmann, Publikationen aus den Königlich Preussischen Staatsarchiven, Band I 1878, Band II 1882 passim.

schen Herrscher und ihre Räthe, wie sie davon überzeugt waren, dass die Heranziehung der Dominialeinkünfte zur Erhaltung des Militairstaates durchaus nothwendig wäre, auch unablässig sich mit Gedanken tragen über die bestmöglichste Verwerthung der Domainen. Das zur Zeit des grossen Kurfürsten in Geltung befindliche System der Zeitpacht oder Verarrondirung brachte zu jener Zeit, in der die Mark nicht mehr oder minder, wie alle andern brandenburgisch-preussischen Lande durch den 30jährigen Krieg entvölkert und wüst gelegt war, nicht die gehoffte hohe Ertragsfähigkeit der Domainen, welche ohnedies auch noch durch die Ungunst der Elemente und Misswachs bedeutend geschmälert wurde und fast alljährlich mehr oder minder bedeutende Remissionen erforderte. Gründe dieser Art wirkten zusammen, um dem Nachfolger des grossen Kurfürsten, König Friedrich I., ein. ihm von einem seiner Beamten, dem Geheimen Kammerrath Luben am 1. Mai 1700 überreichtes Project auf Umwandlung des Systems der Zeitpacht in das der Erbpacht für alle Domainen als sehr annehmbar erscheinen zu lassen.

Luben suchte in seinem Projecte nachzuweisen, dass durch eine Zergliederung sämmtlicher Domainen und durch die Vererbpachtung der Trennstücke nicht allein bessere Revenüen für den Staat zu erzielen sein würden, sondern auch eine grössere Zahl von Nahrungsstellen für thätige Landwirthe.

Lebhaft ging der König auf diesen Plan ein und wurden von Trinitatis 1701, trotz heftigen Widerspruchs der Hofkammer und der Amtskammern zu Berlin, Magdeburg und Halberstadt die allgemeine Erbpacht für sämmtliche Domainen des damaligen preussischen Staates ohne Rucksicht auf die bestehenden Zeitpachtcontracte und andere wohl erworbene Rechte unter grossen Anstrengungen und Opfern ins Leben gerufen. Eine Schilderung der Details dieser Einführung und Weiterverbreitung der Allgemeinen Erbpacht im Königreiche Preussen würde den Rahmen unserer Aufgabe weit überschreiten. Auch ist dieselbe namentlich von Nasse und Ruprecht in grösster Ausführlichkeit behandelt worden. Es möge nur bemerkt werden, dass das System der allgemeinen Erbpacht, wie es in rücksichtslosem Vorgehen auf allen preussischen Domainen im Jahre 1701 eingeführt worden, wie sein Urheber Luben dasselbe als ein gleichsam nach ein und demselben Recepte durchzuführendes Universalmittel anempfahl, dasselbe in der Reaction der Jahre 1710 und 1711 nach dem Sturze Lubens wieder zusammenbrach, um einer völligen Reactivirung des Vergangenen, der allgemeinen Zeitpacht wieder Platz zu machen. Doch, wie es in dem Wesen einer gesunden und richtigen Idee liegt, dass das Gute und Entwickelungsfähige in derselben sich doch siegreich Bahn bricht, so sehen wir auch in der Folgezeit eine Rückkehr zu den wirklich guten Momenten der Luben'schen Erbpachtidee. Wenn auch der Nachfolger Friedrich I., Friedrich Wilhelm I. und seine Räthe der Erbpacht und namentlich der allgemeinen Vererbpachtung der Domainen entschieden ungünstig gesinnt waren, so ist es doch begreiflich, dass ein so unaufhörlich vorwärts strebender, grosser, stets disponibler Geldmittel benöthigter Herrscher, wie Friedrich der Grosse noch einmal auf den Gedanken kommen konnte, das Erbpachtsystem, wenn auch nicht allgemein, so doch auf einzelnen Vorwerken und in kleineren Bezirken vermittelst einer besonneneren und gewissenhafteren Einführungsmethode zu erproben. Dieser Abschnitt, von den andern Schriftstellern nur wenig beleuchtet, ist besonders von Isaacsohn u. Stadelmann zum Hauptthema ihrer Erörterungen gemacht worden, indem sie dabei wichtiger archivalischer Urkunden sich bedienten. Nach ihrer Darstellung machte Friedrich der Grosse in der That bald nach Beginn seines Regierungsantritts im Jahre 1745 den Versuch, das 1712 aufgegebene Erbpachtsystem wenigstens theilweise wieder einzuführen. Von wem dem Könige eine derartige Idee nahe gelegt wurde, hat sich nicht ermitteln lassen, doch wählte man diesmal ein Gebiet, in dem das Erbpachtsystem noch nicht zur Anwendung gekommen war, nämlich das Herzogthum Cleve und die Grafschaft Mark[1]). Die Cleveschen Renteien waren von Friedrich Wilhelm I. bei Ablauf ihres sechsjährigen Pachtcontracts in seinen letzten Regierungsjahren 1739/40 abermals auf 6 Jahre in Zeitpacht gegeben worden. Man wartete unter der neuen Regierung den Ablauf dieses Termins ab, um dem Könige in dem Augenblicke, als die Berathungen der cleve-märkischen Kriegs- und Domainenkammer über etwa vorzunehmende Verbesserungen, Neuvermessungen und Pachterhöhungen im Gange waren, vor der Contract-Erneuerung zur Umwandlung der Zeitpacht in Erbpacht umzustimmen. Das eingeforderte Gutachten der Cleveschen Kammer lautete ungünstig für die allgemeine Erbpacht, indem es ausführte, dass die Einführung derselben für den Cleve'schen Bezirk mit den allergrössten Schwierigkeiten verknüpft sein würde, und den Vorschlag machte, mit einem kleinen Bezirke einen Versuch zu machen und an kleinen Objecten, als welche sich von Königlichen Besitzthümern noch am meisten die Königlichen Mühlen empföhlen, bei denen sie sich theilweise seit König Friedrich I. Zeit erhalten und bewahrt hätten[2]). Diesen Vorschlag acceptirte auch der König, nachdem er das Project im Grossen hatte fallen lassen. In Folge dessen kamen durch die ganze zweite Hälfte des 18. und die erste des 19. Jahrhundert in allen Provinzen

---

1) Düsseldorfer Archiv Acta wegen Einführung der Erbpacht 1745. Isaacsohn a. a. O. S. 709 ff.
2) Rescript von 1750. Kgl. Geheimes Staatsarchiv zu Berlin. — Isaacsohn a. a. O. S. 731.

des Staatsgebiets Vererbpachtungen von Königlichen Mühlen, sodann von Grundstücken von geringerer Ausdehnung, von einzelnen Vorwerken und Parzellen, von Weide und Forstland häufig vor. Dass die Vererbpachtung im Grossen aufgegeben worden, geht klar hervor aus der Kabinetsordre Friedrich II. an den Kammerpräsidenten v. Siegroth vom 12. December 1769[1]), worin der König darauf hinweist, dass er „niemals wie Euch genugsam bekannt ist, ganze Aemter, wohl aber Vorwerke in Erbpacht überlassen habe". Namentlich wurde in den später hinzugekommenen Provinzen, behufs Colonisation und Vermehrung der Bevölkerung, die Ansetzung von Colonisten zu Erbpachtrechten auf Domainenvorwerken vom Könige begünstigt[2]). Aber nicht bloss der Staat, sondern auch Grossgrundbesitzer adoptirten diese Art der Nutzung von Grundeigenthum, indem sie entweder ihren gesammten Besitz, oder doch einzelne Parzellen zu Erbpachtrechten ausgaben[3]).

Eine entscheidende Aenderung in diesen Verhältnissen führte das Gesetz vom 2. März 1850 herbei, dessen Grundsätze nach der im Jahre 1866 erfolgten Annexion auch auf die Provinzen Hannover, Hessen-Nassau und Schleswig-Holstein übertragen wurden[4]). Das Gesetz von 1850 bestimmte in § 91:

„Bei erblicher Ueberlassung eines Grundstücks ist fortan nur die Uebertragung des vollen Eigenthums zulässig. Mit Ausnahme fester Geldrenten dürfen Lasten, welche nach dem gegenwärtigen Gesetze ablösbar sind, einem Grundstück von jetzt

---

1) Stadelmann a. a. O. Band II. 1882. S. 367.
2) Stadelmann a. a. O. Band II. 1882. S. 31 ff. 76. 124.
3) Vergleiche Beilage A.
4) V. vom 28. Sept. 1867 und Gesetz vom 5. April 1869 für Hannover. — Gesetz vom 15. April 1872. Gesetz vom 16. Juni 1876. Gesetz vom 23. Juli 1876 für Hessen-Nassau. — Gesetz vom 2. Januar 1873 für Schleswig-Holstein.

ab nicht auferlegt werden. Neu auferlegte feste
Geldrenten ist der Verpflichtete nach sechsmonatlicher Kündigung mit dem zwanzigfachen Betrage
abzulösen berechtigt, sofern nicht vertragsmässig
etwas anderes bestimmt wird. Es kann jedoch
auch vertragsmässig die Kündigung nur während
eines bestimmten Zeitraums, welcher 30 Jahre
nicht übersteigen darf, ausgeschlossen und ein
höherer Abfindungsbetrag als der fünfundzwanzigfache der Rente nicht stipulirt werden. Vertragsmässige, der Vorschrift des Gesetzes zuwiderlaufende Bestimmungen sind wirkungslos, unbeschadet der Rechtsverbindlichkeit des sonstigen
Inhalts eines solchen Vertrages."

Aehnlich wie in Preussen wurde auch in den meisten andern deutschen Staaten das Erbpacht- und Erbzinsverhältniss dadurch aufgehoben, dass der Kanon und die sonstigen Leistungen des Erbpächters und Erbzinsmannes für ablösbar erklärt und sein erbliches Nutzungsrecht oder Miteigenthum in volles Eigenthum verwandelt wurde.

Nur in Mecklenburg, den thüringischen Staaten, Lippe, Schaumburg, Reuss, Braunschweig und Hamburg sind diese Verhältnisse noch bis auf den heutigen Tag bestehen geblieben.[1]

Was die Frage einer Neureorganisation der genannten Verhältnisse anlangt, so ist schon von Nasse[2] darauf hingewiesen worden, dass dieselbe nur unter grossen Schwierigkeiten sich vollziehen würde und der Zweifel ausgesprochen, ob dieselbe in der jetzigen Zeit sich überhaupt als ein lebendiges Gebilde erweisen würde. Unseres Erachtens nach müsste bei einer Neureorganisation vornehmlich auf 2 Punkte Rücksicht genommen werden.

---
1) Iudeich, Die Grundentlastung in Deutschland 1863. S. 229 ff.
2) a. a. O. S. 83.

Der eine Punkt würde darin bestehen, dass die Construction des Rechtverhältnisses derartig geschieht, dass den Forderungen der Landwirthschaft nach Schaffung einer ihr angemessenen Creditform und Vererbungsform Genüge geleistet wird. Auf der andern Seite aber muss alles vermieden werden, was auch nur im Entferntesten sich nicht mehr mit den Anschauungen der jetzigen rationellen landwirthschaftlichen Betriebsweise in Einklang bringen lässt. Kein anderer Betrieb hat in den letzten Jahrzehnten so viele tiefgreifende Veränderungen erfahren, als wie gerade der landwirthschaftliche Betrieb. Locale wie klimatische Verhältnisse beschränkten ihn am Anfange dieses Jahrhunderts; noch weit mehr aber die rechtlichen und socialen Zustände. Reallasten und Frohnden hinderten völlig die freie Bewegung des Wirthschafters und unterdrückten jeden Gedanken an eine andere als die landesübliche Einrichtung des Betriebes. Wie nun mit dem Aufleben der wissenschaftlichen Forschung durch Thaer und Koppe und weiterhin durch Justus v. Liebig die ganze Landwirthschaft eine andere Gestalt annahm, so vollzog sich auch mit dem Beginne der Agrargesetzgebung, welche wir nach ihren Schöpfern vorzugsweise die Stein-Hardenberg'sche nennen, in den socialen und mercantilen Verhältnissen eine grosse Umwandlung, welche vorzugsweise in dem Prinzipe der Freiheit der Bauerngüter gegenüber dem bisherigen der Gebundenheit ihren Ausdruck fand. Wenn nun wieder durch Einführung erbpacht- und erbzinsähnlicher Verhältnisse eine Abweichung von letzterem Prinzipe Platz greifen soll, so wird dies nach unserer Ansicht nur insoweit geschehen dürfen, als dadurch von dem kleinen ländlichen Grundbesitzer die Nachtheile genommen werden können, welche die bisherige Verschuldungsform, sowie die bisherige gleichmässige Theilung der Intestaterben im Gefolge hatten, sie könnten sonst vielleicht durch die contractlichen Beschränkungen in ihrer freien Verfügung künstlich in eine Lage gebracht werden, in der sie sich noch schlimmer befinden würden, als in derjenigen, in welcher sie sich früher in Folge der natürlichen Gebundenheit des Betriebes befanden. Und zwar sind wir der Ansicht, dass auch bei einer Wiedereinführung der Erbpacht die Freiheit des Grundbesitzes im Grossen und Ganzen wird aufrecht erhalten werden müssen. Das Consensrecht bei Verpfändungen als gänzlich überflüssig hinzustellen, wofür Ruprecht[1]) plaidirt, würde uns jedoch nicht als der Sache förderlich erscheinen. Es wird vielmehr in dieser Hinsicht die Creditfähigkeit des Erbpächters durch die Bedingung der Consenseinholung des Erbverpächters zur Aufnahme von Hypotheken nur insoweit zu beschränken sein, als damit der materielle Zweck der Erbpacht, die Herstellung eines gesunden bäuerlichen Mittelstandes, sowie eines tüchtigen landwirthschaftlichen Arbeiterstandes erreicht werden kann. Gänzlich diesen Klassen den Credit zu nehmen, erscheint uns inopportun, denn ohne denselben kann ein landwirthschaftlicher Unternehmer bei der jetzigen vorgeschrittenen Betriebsweise nicht gedeihen. Es kommt nur darauf an, ihm gerade den Credit zu schaffen, der ihn fördert, ohne ihn zu Grunde zu richten. Wie dies zu geschehen hat, soll nachher gezeigt werden.

Die stricte Einführung des Anerbenrechts, also eine stärkere Gebundenheit des bäuerlichen Besitzes zu Gunsten der Familie, welche ebenfalls von Ruprecht[2]) vorgeschlagen ist, würde unseres Erachtens weder dazu dienen können, den angeführten materiellen Zweck der Erbpacht zu befördern, noch auch ist er mit unseren heutigen Rechtsanschauungen, sowie mit unsern modernen Verkehrsverhältnissen in Einklang zu bringen, denn der

---
1) a. a. O. S. 82.
2) a. a. O. S. 103.

römisch-rechtliche Grundsatz der Gleichberechtigung der Erben hat bereits in der Rechtsauffassung unseres Volkes so fest Wurzel geschlagen, dass eine Aufhebung oder wesentliche Beschränkung desselben auf ausserordentliche Schwierigkeiten stossen würde. Niemals würde mit dem Anerbenrechte der erstrebte Zweck zu erreichen sein. Die Ansichten wechseln mit der Zeit und nach Decennien vielleicht würden die bäuerlichen Fideicommissbesitzer es als drückende Last, als Beeinträchtigung ihrer wirthschaftlichen Freiheit empfinden, was ihre Voreltern als Begünstigung angesehen und erhalten haben. Besser würde unseres Erachtens dieser Zweck zu erreichen sein, dadurch, dass demjenigen, welcher das Gut übernimmt oder übernehmen soll, eine Bevorzugung eingeräumt wird, geschehe dies nun in Form einer Gutsübernahme inter vivos oder in Form einer testamentarischen Verfügung. Nur durch eine Abweichung von dem geltenden gleichen Intestaterbrecht nach dieser Richtung ist es möglich, eine Vertheilung vorzunehmen, welche die Erhaltung des Gutes für die Familie verbürgt, andererseits aber geeignet ist, sich dem Berufe und den Fähigkeiten der Nachkommen anzupassen. Je nach Talent, Eigenschaften, Lebensstellung und Beruf muss den Eltern die freie Wahl zustehen, jedem ihrer Kinder soviel zu geben, als ihrer Lebensstellung entspricht. Ist es jedoch nach Lage der Sache das Gerechtere, Jedem gleich viel zu geben, so ist es besser, das untheilbare Erbpachtgut zu verkaufen und den Erlös zu vertheilen. Ebenso häufig dürfte aber auch der Fall eintreten, dass die gleiche Theilung nicht das Gerechtere ist. Sind die Töchter gut verheirathet, die Söhne im gelehrten Berufs- oder Kaufmannsstande untergebracht, so entspricht es nur der Billigkeit, dass der, welcher Landwirth wurde, und das Gut übernimmt, auch etwas mehr bekommt als seine übrigen Geschwister.

Wenn wir so die allgemeinen wirthschaftlichen Gesichtspunkte gewonnen haben, unter denen eine Wiederbelebung des alten Erbpachtverhältnisses unseres Erachtens möglich wäre, wollen wir auf eine Prüfung der speciellen Bedingungen eingehen, welche bei demselben uns als massgebend erscheinen würden.

Es würde sich nach unserer Ansicht zunächst fragen, in welchen Landstrichen, in welchen Gegenden dürfte sich eine Wiedereinführung des Erbpachtverhältnisses empfehlen und hier müssen wir eingestehen, dass allerdings nur für einen kleinen Theil Deutschlands resp. Preussens heutzutage diese Verhältnisse Boden und Bedeutung finden würden. Ausgeschlossen würden sie sein in den südlichen und westlichen Theilen Deutschlands, wo auch heutzutage noch das volle Grundeigenthum jederzeit Kapital und Käufer findet. Indessen giebt es in Preussen in den alten Provinzen nord- und ostwärts von der Elbe noch Landstriche von grosser Ausdehnung, welche im Vergleich zu den südlichen und westlichen Theilen Deutschlands keineswegs an Kapital reich sind und wo zugleich weite Strecken einer beträchtlichen Erhöhung des landwirthschaftlichen Betriebes offen stehen. Dies ist besonders in Neuvorpommern, Ost- und Westpreussen, Posen und Schlesien der Fall und hier wieder vorzugsweise in den Gebieten mit slavischer Zunge. Die meisten Eigenthümer der grossen Gütercomplexe in jenen Gegenden, welche, neben den umfangreichen Domainen, in den meisten Fällen nur einen kleinen Zwergbesitz sich gegenüber stehen haben[1], haben weder Zeit noch auch Lust, meist aber auch nicht Kapital genug, um diese extensiv bewirthschafteten, theilweise auch noch wüsten Landstriche einer intensiveren Cultur zuzuführen. Käufer werden sich schwer finden, denn der Verkäufer wird das

---

[1] v. Miaskowski, das Erbrecht und die Grundeigenthumsverhältnisse im deutschen Reiche. Band I, 1882, S. 8 ff.

Land im Hinblicke auf die möglichst bedeutende Werthsteigerung nicht verschleudern, auch wenn er selbst geringen Nutzen davon hat.

Niemand wird aber sofort grosse Summen zahlen, wenn er nicht weiss, ob sein Streben Erfolg haben wird, ob die Saat, die er gesät, auch zur Reife gelangen wird und geht deshalb jeder junge Anfänger lieber nach Gegenden, welche die Natur hinsichtlich ihres Klimas und ihrer ganzen Verhältnisse günstiger gestellt hat, als unsere Ostprovinzen. Hier gerade in diesen Gegenden wäre es eine lohnende Aufgabe für den Staat, zwischen den grossen Latifundien und dem kleinen Zwergbesitz durch Zerschlagung seiner Domainen in Erbpachtsstellen sich einen gesunden, sittlich kräftigen bäuerlichen Mittelstand zu schaffen.

Es führt uns dieses auch gleich zu der Frage herüber, wer soll vererbpachten? Wir werden hier einen Unterschied machen müssen zwischen der Schaffung eines mittleren Grundbesitzes und der Herstellung von Tagelöhnerstellen. Der erstere würde vorzugsweise vom Staate zu geschehen haben durch Zerschlagung seiner Domainen in Erbpachtsstellen und zwar in den genannten östlichen Provinzen zur Erreichung socialpolitischer Zwecke.

In zweiter Reihe würde an den Grossgrundbesitz zu denken sein, für welchen sich dies weniger aus socialpolitischen Rücksichten empfehlen würde, als vielmehr, um dadurch sowohl seine pekuniäre Lage zu verbessern, als auch seinen Grundcomplex einer intensivern Kultur zuzuführen. Als ein Beispiel für den letztern Fall möge die Besetzung des Waldberges bei Lichtfelde durch den Herrn v. Mlocki mit Erbpachtcolonisten gelten[1]). Derselbe war früher ein öder Bergkegel im Kreise Stuhm in Westpreussen, welcher seinem Besitzer fast gar nichts oder nur

---

1) Beilage A.

sehr wenig einbrachte, jetzt aber, soweit es die örtlichen
und klimatischen Verhältnisse erlaubt haben, durch die
Erbpachtcolonisten einer, den modernen Anforderungen
entsprechenden Kultur zugeführt worden ist. Welchen
hohen Werth für den Staat ein gesunder bäuerlicher Mittelstand in wirthschaftlicher, wie in politischer und socialer
Beziehung hat, braucht hier nicht näher ausgeführt zu
werden. Bemerkt möge hier nur noch werden, dass auch
für die Germanisirung in den polnischen Landestheilen die
Erbpacht ein nicht zu verachtendes Mittel sein würde.
Wie sehr auch die Staatsregierung von dem Werthe der
Erbpacht für die Schaffung der oben erwähnten beiden
Besitzcategorien gegenüber der Parcellirung der Domainen
durch Verkauf überzeugt ist, in Gegenden, in denen dies
angezeigt erscheint, geht hervor aus den Erklärungen des
Ministers v. Friedenthal[1], wonach durch diese Einrichtung
der Staat nicht blos auf die Entwickelung der neugeschaffenen Besitzverhältnisse einen rechtlich geordneten dauernden Einfluss erhalten, sondern auch auf der andern Seite
es möglich gemacht werden würde, neben einer derartigen
Conservirung des Staatseinflusses eine Vermehrung des
mittleren und kleinern Wirthschaftsbetriebes herbeizuführen.

Jedoch dürfte es nicht empfehlenswerth erscheinen,
wenn der Staat, wie es beim Luben'schen Projecte der
Einführung der allgemeinen Erbpacht geschah, nunmehr
alle seine Domainen zu Erbpachtsstellen zerstückelte. Es
müsste vielmehr, in Anknüpfung an das Beispiel des grossen
Königs, erst mit einzelnen Vorwerken, Mühlen etc. ein
Versuch geschehen, und es davon abhängig gemacht werden, ob demselben weitere Verbreitung zu geben sei. Dort
wo gar kein Staatsbesitz oder nur ein geringer vorhanden,

---

1) Antrag, Referate und Verhandlungen des Königl. preuss.
Landesökonomiecollegiums in den landwirthschaftlichen Jahrbüchern
von Nathusius und Thiel, 1880. VII. Bd., Suppl. V, S. 190.

würde der Staat wohl nichts besseres thun können, will er anders seinen Zweck erreichen, als selber Grossgrundbesitz anzukaufen und diesen bei passender Gelegenheit zu Erbpachtsstellen zu parcelliren.

Was die Herstellung von Tagelöhnerstellen anbetrifft, so würde hier allerdings in erster Reihe der Grossgrundbesitz und erst in zweiter Linie der Staat betheiligt sein, insofern, als er den Erwerb von Grund und Boden bei den Arbeitern auf seinem Grund und Boden befördert und auch der Zuertheilung desselben von Seiten des Grossgrundbesitzes stets eine wachsame und wohlwollende Förderung angedeihen lässt. Denn der Erwerb von Grund und Boden ist das sicherste Mittel, die Arbeiter mit der Staatsordnung zu verbinden und sie den destructiven und die staatliche Existenz gefährdenden Bestrebungen zu entfremden, da der Grundeigenthümer die sittlichen Grundlagen einer jeden Staatsgemeinschaft, das Privateigenthum und das Erbrecht im eigensten Interesse anerkennen muss. Der Grossgrundbesitzer erhält durch Aussetzung von Erbpachtstellen, durch Begründung eines sesshaften Arbeiterstandes, den Vortheil, dass er dadurch die Zahl seiner Dienstleute wesentlich verringern könnte. Er würde damit nun keine grössere Zahl von ständigen Arbeitern zu halten brauchen, als er das ganze Jahr hindurch dauernd zu beschäftigen im Stande ist. Auf der andern Seite würden die in der Nähe des Gutes mit Grundbesitz angesiedelten Arbeiter ihm für den Sommer, in welchem der Bedarf an menschlicher Arbeitskraft oft drei bis vier mal so gross ist wie im Winter und während der Ernte doppelt so stark wie in der Bestellzeit, dieselbe in ausreichenderer Weise gewähren, als dies bisher die Frauen und Gehilfen der contractlich gebundenen Tagelöhner, die sogenannten Scharwerker vermochten. Wenn der Grossgrundbesitz auch mit den mit Landbesitz angesessenen Arbeitern nicht allein wird auskommen können, sondern noch immer sich Gutstagelöhner wird halten müssen, so wird doch ausser dem oben erwähnten Vortheile auch noch der Umstand ins Gewicht fallen müssen, dass durch das Nebeneinanderleben von Gutstagelöhnern und grundbesitzenden Arbeitern, die ersteren nach der wünschenswerthen Stellung der letzteren sich sehnen und durch Fleiss und Sparsamkeit dieselbe zu erringen trachten werden. Es wird ein Wettstreit entstehen und damit wäre auch, wie v. d. Goltz[1]) treffend hervorhebt, endlich jene grosse Stumpfheit und Trägheit gebrochen, welche heute noch immer, als letzter Rest der früheren Unterthänigkeits- und Hörigkeitsverhältnisse, wie ein Alp auf den Gutstagelöhnern der östlichen Provinzen lastet.

Ein Umstand jedoch ist zu berücksichtigen, welcher sowohl bei der Schaffung mittleren bäuerlichen Besitzes als auch bei der Aussetzung von Erbpachtstellen für Tagelöhner dem privaten Grossgrundbesitzer hindernd in den Weg tritt.

Es steht derselben nämlich immer factisch ausser der vorher nöthigen höchst umständlichen Regulirung der Staatslasten, besonders die Regulirung der Hypothekenverhältnisse entgegen, indem es für den Gutsbesitzer ausserordentlich schwierig oder doch sehr umständlich ist, die Einwilligung der Hypothekengläubiger zu solchen Abzweigungen zu erlangen. Fast alle im Privatbesitze befindlichen Güter sind verschuldet und meistentheils sehr stark. Eine Abtrennung einzelner Theile vom Ganzen und Veräusserungen derselben an dritte ist ohne Einwilligung der Gläubiger oder Abstossung der gesammten Hypothekenschuld nicht möglich. Ersteres aber lässt sich sehr schwer erlangen und letzteres ist fast nie auszuführen. Der Grundbesitzer würde deshalb bei der Aussetzung von Erbpacht-

---

1) v. d. Goltz, die ländliche Arbeiterfrage und ihre Lösung. 1874. S. 282.

stellen auf die Benutzung solcher kleineren Grundstücke angewiesen sein, welche nicht zu seinem Hauptgut gehören und welche er oder sein Besitzvorgänger einmal gekauft hat resp. welche er, falls solche in der Nachbarschaft käuflich zu haben sind, für den erwähnten Zweck ankauft.[1]) Ausserdem könnte hier auch noch, was schon der Referent Herr v. Wedell-Malchow [2]) in seinem Referate hervorgehoben, eine Unterstützung durch die Gesetzgebung nach der Richtung hin eintreten, dass dieselbe die in § 71 Gesetz vom 5. Mai 1872 bestimmten erleichternden Vorschriften über Abverkauf kleiner Parzellen noch mehr ausbaut und erweitert. Danach kann der Grundbuchrichter schon jetzt einzelne Theile oder Zubehörstücke des Grundstückes ohne Einwilligung der Hypotheken- und Grundschuldgläubiger oder anderer dinglich Berechtigter unbelastet abschreiben, wenn die Unschädlichkeit der Veräusserung für die Berechtigten bei landschaftlich beliehenen Gütern durch die Creditdirection, bei anderen durch die Auseinandersetzungsbehörden d. i. die Generalcommissionen bescheinigt wird. Ein solches Unschädlichkeitsattest darf nur ertheilt werden, wenn die abzutretende Parzelle im Verhältniss zu dem Gute, von welchem sie abgetreten werden soll, von geringerem Werth und Umfang ist. Es dürfte in dieser Hinsicht vielleicht als eine Erleichterung zu betrachten sein, wenn der Staat gestatten würde, dass auch ohne Einwilligung der Gläubiger und ohne Attest der Behörde, bei einem bestimmten Gesammtareal und bei einer bestimmten, sich nach dem Areal und dem Reinertrage desselben richtenden Höhe der Schulden, die Ablösung von Parzellen gerade zu dem ausgesprochenen Zwecke der Bildung von bäuerlichen und Tagelöhnerstellen zu Erb-

1) v. d. Goltz a. a. O. S. 295.
2) Referate und Verhandlungen des Occonomie-Collegiums a. a. O. S. 216.

pachtrechten aussprechen würde. Es würde, falls diese Grenze in Folge sorgfältig ausgeführter, statistischer Erhebungen über die Verschuldung des ländlichen Besitzes, an denen es bis jetzt leider immer noch fehlt, genau fixirt wird, jedes Gut durch Zuführung dauernder disponirbarer Arbeitskräfte resp. der Staat durch Gewinnung eines bäuerlichen Mittelstandes nur gewinnen. Die Gläubiger aber würden, falls jene Grenze genau und gewissenhaft gezogen ist, an Realsicherheit nichts verlieren.

Bei der Anlegung neuer Erbpachtcolonien müsste sodann unseres Erachtens ein Hauptgewicht darauf gelegt werden, dass dieselbe möglichst im Anschlusse an eine benachbarte Dorfgemeinde geschieht. Keine Schwierigkeiten würde dieses bereiten dort, wo bereits derartige Gemeindeanlagen vorhanden sind, wo dieselben ein kräftiges und blühendes Gemeindeleben aus sich heraus entwickelt haben und dies ist ja auch durchgehends wohl in den hier besonders in Betracht kommenden östlichen Provinzen der Fall. Sehr traurig liegt die Sache jedoch in Pommern und speciell in Neuvorpommern, sowie in dem sogenannten ritterschaftlichen Besitze in Mecklenburg. In Neuvorpommern stehen sich aus Anlass des geringen gesetzlichen Schutzes, den das bäuerliche Grundeigenthum dort in der Zeit der schwedischen Herrschaft (1648—1815) fand, mit wenigen Ausnahmen ausser den Stadtgemeinden nur noch Grossgrundbesitzer und gewöhnlicher Tagelöhner gegenüber die weder Haus, noch Grundeigenthum besitzen und in den Kathen der Gutsbesitzer zur Miethe wohnen. Die ehemaligen Bauerndörfer sind verschwunden und entweder in selbstständige grosse Rittergüter verwandelt oder die Bauernfelder sind mit den Gutswirthschaften vereinigt.[1] Dass in solchen Gegenden Leute, welche, aus den ver-

---

[1] Sombardt-Ermsleben. Die Fehler im Parzellirungsverfahren der preuss. Staatsdomainen 1876. S. 8.

schiedensten Gegenden kommen, dort in Colonien vereinigt ohne Anlehnung an alte Gemeindeverbände oft nur eine Brutstätte für das Proletariat und weiter für das Verbrecherthum bilden würden, dass dieselben wenig geeignet und geneigt sein würden, aus sich selbst heraus gemeinnützige Einrichtungen zu schaffen und ein kräftiges Gemeindeleben zu entwickeln, liegt auf der Hand. Es wird hier, falls der materielle Zweck erreicht werden soll, dem Staate nichts weiter übrig bleiben, als zuvörderst selbst erst für Begründung neuer Gemeindeverbände Sorge zu tragen und erst dann, wenn diese geschaffen sind, mit der Bildung von Erbpachtstellen vorzugehen. Als im Jahre 1868 die Mecklenburgische Regierung in landesväterlicher Fürsorge damit vorging, zur Hebung der socialen und wirthschaftlichen Verhältnisse den Bauern auf ihrem Domanium d. h. dem eigentlichen Staatsbesitze im Gegensatz zu dem Privatbesitze des Grossgrundbesitzes (Ritterschaft) der Städte und der Klöster das ihnen bisher gewährte Pachtrecht, welches sie eigentlich nur als ein Prekarium besassen, da ihnen dasselbe „verliehen" wurde und sie jederzeit „gelegt", d. h. aus demselben entsetzt werden konnten, allgemein in ein Erbpachtrecht umzuwandeln, war es ihr erstes Bestreben, in den neugebildeten Erbpachtdörfern auch ein kräftiges und gesundes Gemeindeleben zu organisiren, indem dem Schulzen, welcher zugleich als Staatsbeamter fungirte und dafür ein Gehalt bezog, in Gemeinschaft mit freigewählten Vertretern die Selbstverwaltung der Gemeinde übertragen wurde. Sie verfuhr dabei ebenfalls in der Weise, dass sie diese neuen Schöpfungen möglichst an alte Verbände anknüpfte und bewirkte, dass der Stand der Erbpächter, indem erst sein bisheriges unsicheres Recht in ein festgesichertes Erbpachtrecht umgewandelt wurde, und indem ihm weiter die Vortheile eines kräftigen Gemeindelebens zugewandt wurden, schnell und sicher emporblühte und ein steter Gegenstand des Neides seiner weniger glücklichen Genossen im ritterschaftlichen Territorium wurde.[1]

Ein nicht minder beachtenswerther Punkt bei der Neuschaffung der in Rede stehenden Verhältnisse würde die Grösse der zu vererbpachtenden Objecte sein. Es wird unseres Dafürhaltens hier wieder zu unterscheiden sein zwischen der Herstellung von Erbpachtstellen für den mittleren Grundbesitz und der Herstellung von Tagelöhnerstellen.

Und zwar würde hier die Angabe eines bestimmten Maximal- oder Minimalflächenmaasses für beide Kategorien sich nicht empfehlen, da die zu einer gewissen Zeit vielleicht ganz zweckentsprechende Grösse im Laufe weniger Decennien als eine unzweckmässige sich herausstellen kann, es auch viel auf Klima, Lage, Bodenbeschaffenheit, sowie persönliche Eigenschaften und Begabung des betreffenden Wirthschafters ankommt. Allgemein könnte als Anhaltspunkt für die Grösse der ersteren Kategorie angenommen werden, dass die betreffende Erbpachtstelle hinreichend gross genug ist, um eine Familie des bäuerlichen Mittelstandes ausreichend zu ernähren. Auf der andern Seite aber würde man wieder bei Aussetzung von Tagelöhnerstellen darauf Bedacht nehmen müssen, dass die Stelle nicht grösser ist, als dass der Tagelöhner noch gezwungen ist, anderweitigen dauernden Nebenverdienst aufzusuchen. Im andern Falle würden die Vortheile, die dem Arbeitgeber die Aussetzung solcher Stellen bringen soll, bald illusorisch werden. Sie würden es bald verschmähen, zu dem Gutsbesitzer auf Lohnarbeit zu gehen und es vorziehen, falls die Erträge ihrer Stelle sie doch nicht mehr nähren sollten, durch Diebstahl oder andere Vergehen denselben

[1] H. Boehlau. Mecklenburgisches Landrecht. Band III, 1880. S. 213 ff. Revidirte Dorfgemeinde-Ordnung vom 29. Juni 1869.

nachzuhelfen. Es haben nun zwar verschiedene Schriftsteller Angaben zu machen gesucht über die Grösse des zu überweisenden ländlichen Areals, doch würde, wie schon oben ausgeführt, dieselbe, je nach Lage, Klima, Bodenbeschaffenheit und nach den Fähigkeiten und Eigenschaften des Wirthschafters erheblich modificirt werden müssen.

Im Allgemeinen hat man für den Begriff eines mittleren Bauerngutes den Ausdruck „Spannfähigkeit" adoptirt, welcher Ausdruck auch consequent in den Referaten und Verhandlungen des preussischen Landes-Oeconomie-Collegiums sich wiederholt. Doch waren die Redner über eine allgemeine Ausdehnung dieses Begriffs auf ein bestimmtes Areal unter sich ebenfalls nicht einig. Die Gespannfähigkeit ist im hohen Grade abhängig von den Culturarten, welche das Grundstück zusammensetzen. In letzterer Beziehung erfordert das Ackerland die grösste Gespannarbeit; an dasselbe schliessen sich in absteigender Reihenfolge die Wiesen, die Weiden und der Wald. Ausserdem ist von Einfluss auch die physikalische Beschaffenheit der Grundstücke und die Art der Bewirthschaftung. Ein bündiger Boden erfordert doppelt soviel Zugkraft als ein leichter Boden. Intensiv bewirthschaftete Grundstücke benöthigen mehr Spannarbeit als extensiv bewirthschaftete. In Ost- und Westpreussen nimmt man an, dass ein Gespann, d. i. 2 Pferde 12 ha oder 50 Morgen, ein Doppelgespann d. i. 4 Pferde 25 ha oder 100 Morgen durchschnittlich zu bearbeiten im Stande sind. (Guido Krafft[1]) rechnet für 1 Pferd bei intensivem Betrieb 4,0 bis 10,0 bei mittlerem Betrieb 8,0 bis 14,0 und bei extensivem Betrieb 12,0 bis 20,8 ha. Doch hat Krafft, seiner Nationalität entsprechend, vorzugsweise süddeutsche, speciell österreichische Verhältnisse im

---

1) Betriebslehre. III. Auflage. 1883. S. 17.

Auge. In Mecklenburg unterscheidet man, was die Grösse der Erbpachtstellen anlangt, seit der allgemeinen Vererbpachtung im Domanium vom Jahre 1868 vier Arten derselben. Erbpachthöfe, d. h. Besitzungen von über 350 bonitirten Rostocker Scheffeln oder 175 Mecklenburgische Morgen, Erbpachthufen von 37½ bis 350 bonitirten Rostocker Scheffeln oder 18 bis 175 Mecklenburgischer Morgen, Büdnereien, d. h. Besitzungen von durchschnittlich 6⅔ Mecklenburgischer Morgen und Häuslereien, die nur Haus, Hof und einen kleinen Garten haben[1]).

Die wirthschaftlichen Merkmale eines gespannfähigen Bauerngutes findet v. Miaskowski[2]) einmal in der Abgrenzung gegen das grosse Grundeigenthum darin, dass sein Besitzer sich weder auf die Leitung der Wirthschaft allein beschränkt, noch auch in der Regel eine wissenschaftliche landwirthschaftlich-technische Bildung besitzt, noch endlich den höhern gesellschaftlichen Klassen angehört. Vielmehr ist der bäuerliche Grundeigenthümer selbst Leiter und Arbeiter (oder doch Vorarbeiter) in einer Person. Er gehört dem ländlichen Mittelstande an und seine allgemeine, sowie seine landwirthschaftlich-technische Bildung ist diesem Stande entsprechend vorzugsweise eine technische Bildung. Die Abgrenzung nach der Seite des Zwergbetriebes findet v. Miaskowski darin, dass der gespannfähige Bauer sein Gut in der Regel mit Pferden, oder respective auch mit Ochsen bearbeitet und dass in der Wirthschaft seine ganze Familie, zu der gewöhnlich noch fremde Mägde und Knechte sowie sonstige Arbeiter hinzugemiethet werden, volle Verwendung findet.

In Westphalen giebt es Bauernhöfe im Umfange von 225 ha oder 900 Morgen, welche an Grösse manches Ritter-

---

1) Ruprecht, Die Erbpacht. S. 148. — Balck, Domaniale Verhältnisse in Mecklenburg-Schwerin. Band I. 1864. S. 79 ff.
2) v. Miaskowski a. a. O. S. 79.

gut in den östlichen Provinzen übertreffen[1]). In Schweden beginnt der mittlere spannfähige Besitz mit 4,4 bis 7,3 ha[2]. Was nach der andern Seite die Grösse der Arbeiterstellen betrifft, so würden diese so gross auszusetzen sein, dass sie mit dem Spaten bearbeitet werden können[3]) ohne Zuhülfenahme von Spannvieh. Als solche Fläche würden in den östlichen Provinzen 1—3 Morgen genügen. v. Riedesel[4]) nimmt an, dass zur Bestellung von 2 Morgen Acker und 1 Morgen Wiesen jährlich 858 Arbeitsstunden nöthig sind. Hat eine Familie nun die Arbeitskraft von 3 Erwachsenen, so erfordert dies in den 175 Werktagen von April bis September täglich 1²/₃ Stunden für die Person. Dieser Besitz kann also die Familie nicht voll beschäftigen und muss deshalb der Arbeiter, falls er nicht durch die Arbeiten auf dem Gutshofe, was namentlich zur Saat- und Erntezeit der Fall ist, in Anspruch genommen wird, die ihm übrig bleibende Zeit durch andere, seinen Fähigkeiten und Neigungen entsprechende Arbeiten ausfüllen, sei es bei den Gütern mit Zuckerrübenbetrieb bei der Bearbeitung der Rüben oder in nahegelegenen industriellen oder gewerblichen Anlagen oder bei staatlichen Arbeiten, wie Forstarbeiten, Chaussee- und Eisenbahnbauten etc. Event. wird derselbe, falls das Gut in der Nähe einer Stadt gelegen ist, dort auch noch Gelegenheit zum Absatze seiner ländlichen Producte finden. Wenn auf diese Weise dem ländlichen Arbeiter die Gelegenheit geboten wird, in den Besitz von Grund und Boden zu gelangen, so wird schliesslich auch noch der Punkt ins Auge zu fassen sein, ob es für den Gutsbesitzer, um die Ausführung nothwendiger Meliorationen, durch welche die Ertragsfähigkeit des Bodens er-

---

1) v. Miaskowski a. a. O. S. 78.
2) Meitzen, Artikel Landwirthschaft a. a. O. S. 703.
3) v. d. Goltz a. a. O. S. 291.
4) Ueber parcellenweise Verpachtung grösserer Güter 1846.

höht wird, nicht an dem Widerspruche eines einzigen Arbeiters scheitern zu lassen, nicht als angezeigt erscheinen wird, von vorneherein gewisse Bestimmungen zu treffen, denen sich die Arbeiter zu unterwerfen haben. In dieser Hinsicht wird z. B. von Gamp[1]) vorgeschlagen, die auf dem Gesammtgrundstücke vorhandenen Kalk-, Mergel-, Torf- und Grandlager von der Ueberweisung an die Arbeiter auszuschliessen, um allen Arbeitern die Ausnutzung derselben zu ermöglichen. Be- und Entwässerungs-Meliorationen könnten am besten ausgeführt werden, so lange noch der Arbeitgeber die Parcellen nicht ausgegeben hat und zwar vorzugsweise durch die Arbeiter selbst in Zeiten, während welcher für die Landwirthschaft wenig oder gar nichts zu thun ist.

Was die juristische Construction des neu zu begründenden Erbpachtverhältnisses anbelangt, so unterschied das Allg. Land-Recht drei Arten: Zinsgüter[2]), bei denen der Besitzer volles Eigenthum (dominium plenum) hat, Erbzinsgüter[3]), bei denen getheiltes Eigenthum vorliegt und Erbpachtgüter[4]), bei denen der Besitzer nur das vollständige erbliche Nutzungsrecht hat, mithin nur Eigenthümer der Erbpachtgerechtigkeit ist. Da wir es uns nur zur Aufgabe gesetzt haben, die Frage der Wiedereinführung der Erbpacht vom volkswirthschaftlichen Standpunkte zu beleuchten, so erübrigt es sich, auf die subtile Casuistik des preussischen Landrechts weiter einzugehen, um so mehr, als die Unterscheidungen desselben mehr von historischem, als von practischem Werthe sind und bei der Dehnbarkeit und Unentschiedenheit der Begriffe „Getheiltes Eigenthum"

---

1) Die wirthschaftlich socialen Aufgaben unserer Zeit auf industriellem und landwirthschaftlichem Gebiete. 1880. S. 175.
2) Allg. L.-R. I 18 § 680, 681, 813–819.
3) Allg. L.-R. I 18 § 600–812.
4) Allg. L.-R. I 21 § 187–226.

und „erbliches Nutzungsrecht" es an einem klaren und bestimmten Merkmal fehlt, welches jene 3 genannten Verhältnisse wirthschaftlich scharf von einander unterscheidet[1]). Nach unserem Dafürhalten würde das neu zu begründende Erbpachtverhältniss zu bestehen haben in der Ueberlassung des Grundstücks zu Eigenthumsrechten gegen Zahlung einer festen jährlichen unkündbaren Rente, unter Vorbehalt gewisser, den materiellen Zweck d. i. die Errichtung mittlerer gespannfähiger Bauerngüter und die Begründung eines sesshaften grundbesitzenden Arbeiterstandes sichernden Bedingungen, eine Form, für welche auch Nasse [2]) und Ruprecht [3]) in ihren wesentlichen Bestandtheilen sich ausgesprochen haben. Die volkswirthschaftliche Bedeutung einer solchen Eigenthumsübertragung ist die, dass der Grundeigenthümer lediglich den Grund und Boden giebt, in welchen der Unternehmer sein Betriebskapital und seine Arbeitskraft steckt, dafür aber auch die Früchte von beiden zu vollem Eigenthum erhält. Wenn der Grundeigenthümer ein Opfer bringt, indem er sich der Möglichkeit begiebt, über sein Eigenthum für die Zukunft zu verfügen, so hat er auf der andern Seite wieder den Vortheil, dass er eine feste, völlig gesicherte Rente dafür erwirbt. Eine unkündbare feste Rente hat vor einem kündbaren Hypothek vor Allem zwei Vorzüge, nämlich erstens, dass sie ihren Besitzer, der bei der Hypothek, wenn sie gekündigt wird, stets mit Weitläufigkeiten, Mühe und Risiko verbundenen Wiederunterbringung derselben überhebt. Sodann kann bei der kündbaren Hypothek die Valuta nur in einem hingegebenen Kapital bestehen, während sie bei einer Rente in allen sonstigen denkbaren Werthvaluten bestehen kann, durch

---

1) Koch, Lehrbuch des gemeinen preussischen Privatrechts 1845 I S. 520.
2) a. a. O. S. 82.
3) a. a. O. S. 78.

die mannigfache Individualisirung ihres Inhalts ihrem Besitzer also ganz besondere Vortheile zu gewähren vermag. Welchen Werth auf der andern Seite der Uebernehmer des Grundstücks auf einen festen unkündbaren Kanon zu legen hat, dass und aus welchem Grunde derselbe für ihn geradezu eine Lebensfrage ist, hat Rodbertus-Jagetzow [1] in seinen gründlichen und erschöpfenden Untersuchungen dargelegt. Da schon ohnehin die wirthschaftliche Lage des Grundbesitzers von einer grossen Anzahl von Factoren abhängig ist, welche einer jeden Voraussicht und Berechnung sich entziehen, so ist eine möglichste Verminderung des Risikos für denselben ein zwingendes Bedürfnis. Eine solche Verminderung desselben liegt ihm aber darin, dass er nicht jederzeit auch noch die Aufkündigung seiner Hypothek, welche meistens gerade in der für ihn ungelegensten Zeit, nämlich dann, wenn die Nachfrage nach Geld das Angebot übersteigt, zu geschehen pflegt, zu gewärtigen hat. Wie sehr das Bedürfnis nach unkündbarem Kredit empfunden wird, geht daraus hervor, dass die Centralbodenkredit-Actiengesellschaft in Berlin zur Zeit dadurch, dass sie Dahrlehne in höherem Betrage als die Landschaften zu gewähren vermag, allein vor allen andern Hypothekenbanken, auch von demjenigen Grundbesitzer. welchem der landschaftliche Credit ebenfalls zu Gebote steht, in erheblicherem Umfange in Anspruch genommen worden ist, denn erst in neuerer Zeit gewährt diese Bank Hypothekendarlehne hinter landschaftlichen Pfandbriefen, wogegen sie früher für dieselben, ebenso wie die Landschaft, die erste Stelle beanspruchte. Die Folge davon war, dass der Grundbesitz, um ein höheres unkündbares Darlehn als das, welches er von der Landschaft erhalten konnte, zu erlangen, auf die, von der letzteren gebotenen

---
[1] Zur Erklärung und Abhülfe der heutigen Creditnoth des Grundbesitzes 1868.

Vortheile verzichten und für die ganze Schuld die ungleich drückenderen Bedingungen der Bank acceptiren musste [1]). Auf der andern Seite aber wird es auch wieder von Niemandem in Abrede gestellt werden können, dass die Belastung eines Erbpachtgrundstücks mit einer unkündbaren Rente an Stelle einer kündbaren Hypothek für den Besitzer desselben, wenn auch diese Rente wie nachher erörtert werden soll, nicht in Geld, sondern in Roggenwerth besteht, bei einem wesentlichen Rückgange des Zinsfusses etwa um 1--2 pCt. eine schwere Last ist, da sie ihm die Möglichkeit nimmt, sich diesen Rückgang zu Nutzen zu machen, und eine Ermässigung des Zinsfusses zu erlangen. Setzen wir zum Beispiel den Fall, dass zur Zeit der Errichtung des Erbpachtvertrages ein Grundstück sich im Durchschnitt mit 5 pCt. verzinste, und dass das Grundstück einen Werth von 10 000 Mark repräsentirte, so würde der jährlich zu zahlende Kanon 500 Mark betragen. Es würde dann berechnet werden, wie viel Scheffel Roggen diesen 500 Mark im Durchschnitt von 18 Jahren entsprächen und hätte dann der Erbpächter für die folgenden 18 Jahre jährlich den Werth von so vielen Scheffeln Roggen zu entrichten, wieviel zur Zeit der Berechnung dem Geldwerthe von 500 Mark entsprächen. Die Getreidepreise pflegen nun wohl für eine Durchschnittszahl von Jahren constant zu bleiben, nicht aber der Zinsfuss für baares Geld, welcher von den verschiedensten Ursachen abhängig ist. Nehmen wir nun an, dass zur Zeit der Errichtung der Zinsfuss für erste Kapitalsanlagen 5 pCt. betrug, derselbe aber vielleicht nach 10 Jahren auf 3 pCt. heruntergeht, so muss der Erbpächter jährl. 200 Mk., 20—40 pCt. an Zinsen mehr zahlen, als wenn er sich die Vortheile der allgemeinen Zinsermässigung hätte zu Nutzen machen können. Statt vielleicht den Werth von so und

---

[1] Gamp, der landwirthschaftliche Credit und seine Befriedigung 1883 S. 79.

so vielen Scheffeln Roggen zu entrichten, als einer Geldsumme von 300—400 Mark entspricht, muss er nach wie vor den Werth von Roggen für 500 Mark entrichten, während er vielleicht, falls er die Rente ablösen könnte, nur 300 oder 400 Mark an Zinsen zu entrichten nöthig hätte. Erscheint aber die Annahme möglich, dass der Zinsfuss mit der Zeit weiter herabgedrückt wird, so muss auch dem Erbpächter die Möglichkeit offen beiben, sich die Veränderung des Geldmarktes zu seinen Gunsten zu Nutzen machen zu können. Es ist diese Frage bereits vom Referenten Herrn v. Wedell-Malchow[1]) angeregt worden in seinem Antrage, es möchten für den Erbpachtvertrag Bestimmungen vorgesehen werden, nach welchen die Ablösung des Kanons nach einer vertragsmässig vorher zu bestimmenden Reihe von Jahren und unter gleichfalls vertragsmässig vorher zu bestimmenden Modalitäten auf Antrag jedes der beiden Interessenten zu erfolgen hat. Bestimmte Modalitäten schon von vorneherein festzusetzen würde unseres Dafürhaltens keinen Zweck haben, da man unmöglich voraussehen kann, wie sich die Verhältnisse etwa nach einer Reihe von Jahren gestalten werden.

Dagegen erscheint es uns, nur dem Prinzipe des Erbbestandverhältnisses zu entsprechen, wenn die Kündigung des Kanons nicht vom Belieben des Erbpächters, oder gar des Erbverpächters abhängig gemacht wird, sondern vielmehr nur unter gegenseitiger Zustimmung der Contrahenten gestattet wird. Derjenige, welcher die Kündigung beantragt, um den Vortheil der herrschenden Conjunctur zu geniessen, wird sich dabei aber wohl immer zu einem Opfer verstehen müssen, wodurch die wirthschaftliche Gleichmässigkeit der Interessen wieder hergestellt wird. Der Ablösung des Kanons in Folge freier

---

1) Referate und Verhandlungen des Oekonomiecollegiums S. 115.

Uebereinkunft wird auch von Ruprecht[1]) beigestimmt, welcher bloss das Recht der einseitigen Ablösung verwirft. Man würde noch den Einwand machen können, dass die Ablösung in Folge freier Uebereinkunft auch auszuschliessen sei, und dass ja dem Erbpächter der Ausweg bliebe, das Recht auf den Kanon dem Gläubiger abzukaufen und so die Forderung und Schuld zu consolidiren. Allein die Normirung des Kaufpreises unterliegt ja der freien Vereinbarung und da ein Herabgehen des Zinsfusses den Werth einer jeden, über den Betrag desselben hinausgehenden Rente steigert, und zwar genau in dem Verhältniss, in dem die Rente den Zinsfuss übersteigt, so erwächst dem Schuldner aus einem Rückkaufe des Kanons kein Vortheil, weil er einen entsprechend höhern Preis beim Rückkauf desselben zahlen muss[2]). Hingegeben werden dürfte seitens des Erbverpächters nur der Grund und Boden. Werden auch die Gebäude mit überlassen, so wird dafür der Kanon entsprechend erhöht. Auch Inventar und Vieh mit zu überlassen wie Ruprecht[3]) will, würde auf keinen Fall gerathen sein, denn diesen Theil des stehenden Kapitals muss zum mindesten der Erbpächter sein eigen nennen. In Ost- und Westpreussen kann man wohl annehmen, dass der grösste Theil der ordentlichen Gutstagelöhner sich soviel Geld erspart hat, um eine Kuh und die nothwendigen Wirthschaftsgeräthe für sich zu erwerben. Wenn dem Erbpächter wenigstens das bewegliche Inventar gehört, so bildet dies nicht blos eine vortreffliche Sicherheit des Erbverpächters, sondern gewährt auch dem Erbpächter selbst eine viel grössere Freiheit, als die Uebernahme eines sogenannten eisernen Inventars, welches, wenn es vom Erbverpächter gestellt wird, selten von besonders guter Qualität

---

1) a. a. O. S. 93.
2) Gamp. der landwirthschaftliche Kredit 1883 S. 20.
3) a. a. O. S. 98.

sein wird. Am besten wird der Erbpächter thun, dasselbe, falls er es noch nicht besitzt, oder der Hintransport zu schwierig sein würde, vom Erbverpächter gegen baares Geld zu erstehen. Die Herstellung der Gebäude wird um so kostbarer sein und die Erhöhung des Kanons dieserhalb um so grösser sein, als die klimatischen Verhältnisse an Ungunst zunehmen. Ausserdem werden bei kleinern Besitzungen die Gebäude immer einen höhern Kapitalswerth in Anspruch nehmen, wie bei grösseren. In Mecklenburg [1]) wurden bei Ausführung der allgemeinen Erbpacht die Gebäude sehr billig berechnet. Die Erbpächter kleinerer Hufen (bis 70 bonitirte Scheffel) erhielten dieselben kostenfrei, bei grösseren Hufen wurde für jeden weitern bonitirten Scheffel 2 pCt des Brandkassenwerths der Gebäude und bei Besitzungen von 120 und mehr bonitirten Scheffeln der volle Brandkassenwerth gezahlt [2]). Vielleicht würde es auch aus dem Grunde, weil der Gutsbesitzer meistens über die benöthigten Kapitalien hierzu nicht verfügt, falls die Gebäude erst neu zu errichten wären, vom wirthschaftlichen Standpunkte aus zu erwägen sein, ob nicht der Staat, beziehungsweise die Provinz mit Vorschüssen eintreten könnte, welche dann in einer bestimmten Zeit zu amortisiren wären, wie es ja heutzutage schon der Staat mit Darlehnen für Be- und Entwässerungszwecke thut [3]).

Was die Frage der zweckmässigsten Art des Kanons bei dem neu zu errichtenden Erbpachtsverhältnisse anlangt, so würde die Entrichtung des Kanons in natura in Getreide sich nicht empfehlen, weil dadurch der Erbpächter gezwungen würde, entgegen seinem ganzen Wirthschaftssystem vorzugsweise die Frucht zu bauen, in welcher der Kanon

---

1) Anlage B.
2) Ruprecht a. a. O. S. 152.
3) Gamp, die wirthschaftlichen und industriellen Aufgaben u. s. w. S. 206.

angesetzt ist und dadurch unter Umständen an Verbesserung des Grundstücks verhindert, auch sonst vielerlei Beschwerden und Unannehmlichkeiten zu erleiden haben würde. Ein Geldkanon dürfte ebenfalls wegen der steten Veränderung des Geldwerths in längeren Zwischenräumen nicht zweckmässig erscheinen. Der Werth des Geldes ist ein schwankender. Dagegen hat der Preis der landwirthschaftlichen Bodenproducte die Tendenz, immer constanter zu werden. Schwankungen, wie sie vor der Vervollkommnung unserer Communikationsmittel vielleicht häufig vorgekommen sein mögen, dürften heutzutage, wo die Bodencultur sowohl wie auch das Inventar und die Gebäude gleichmässig den grossartigsten Verbesserungen unterlegen sind, nicht mehr zu befürchten sein. In der preussischen Monarchie nach dem Gebietsumfange von 1866 betrugen die durchschnittlichen Roggenpreise in Silbergroschen und Pfennigen für einen Scheffel Roggen während der Jahre 1821—30 = 34 Sgr. 9 Pf., 1841—50 = 49 Sgr. 2 Pf., 1861—70 = 61 Sgr. 10 Pf.[1]). Es dürfte deshalb den Interessen des Erbpächters wie des Vererbpächters gleichmässig am gerechtesten entsprochen werden, wenn der Kanon zwar in einer Quantität von Früchten angesetzt würde, jedoch dieselbe nicht in natura zu entrichten wäre, sondern deren Werth nach dem Durchschnitte einer längern Reihe von Jahren (Getreidewerth). Es würde hierdurch der Erbpächter nicht zu kurz kommen, dem Erbverpächter aber auf der andern Seite, weil ja im Grossen und Ganzen doch immer noch ein Steigen des Geldwerthes der Bodenproducte anzunehmen ist, ein steter Antheil an dem Steigen der Grundrente gewährt werden. In dem Kanon soll ja der Erbpächter gerade die Boden- oder Grundrente an den Erbverpächter

---

1) Zeitschrift des Königl. Preussisch-Statistischen Bureaus, 1871, S. 235 ff.

abgeben und zwar abzüglich der Quote für etwa gezahltes Erbbestandgeld, während er für sich den Arbeitslohn als Dirigent und die Zinsen seines Betriebscapitals bezieht. Die Grundrente wird in ihrer Höhe bestimmt durch die Höhe des Preises der Bodenproducte. Eine nachhaltige Steigerung der Bodenproductenpreise erhöht die Grundrente, ein nachhaltiges Sinken vermindert sie. Alle Einflüsse, welche die Preise der Bodenerzeugnisse vortheilhaft verändern, ändern auch die Grundrente in gleichem Sinne.

Als Frucht für den Kanon würde die Hauptfrucht unserer östlichen Provinzen, der Roggen, zu wählen sein. Nach der im Jahre 1878 erfolgten allgemeinen Erhebung über die Verbreitung der landwirthschaftlichen Culturpflanzen steht der Roggen überhaupt oben an. Für Deutschland nimmt er 22,84 % der gesammten- Acker- und Gartenfläche in Anspruch. Weitere 0,82 % kommen für die Cultur als Nebenfrucht in Betracht. Die stärksten Quoten finden wir gerade in den östlichen Provinzen, besonders in den Regierungsbezirken Potsdam, Frankfurt, Posen, Bromberg, Oppeln und ff., hier oft bis zu 50 % der Ackerfläche. Nach dem Roggen kommt in zweiter Reihe der Hafer mit 14,40/%, dann die Kartoffel mit 10,59 % und erst an vierter Stelle der Weizen mit 8,49 % der gesammten Acker- und Gartenfläche[1]). Was die Berechnung des Kanons anbelangt, so würde es zuerst darauf ankommen, den Reinertrag des Grund und Bodens, die Bodenrente zu ermitteln. Denselben findet man, indem man von dem Rohertrage die Wirth-

---
1) Die Bodencultur des deutschen Reiches. Atlas der landwirthschaftlichen Bodenbenutzung nebst Darstellung der Forstfläche. Nach der Aufnahme im Jahre 1878 mit Tabellen und erläuterndem Text, ausgegeben vom Kaiserl. Statistischen Amte Berlin 1881. — Heitz, die Anbauverhältnisse in Deutschland, beschreibend und vergleichend dargestellt auf Grund der Erhebungen von 1878, in Schmoller's Jahrbüchern für Gesetzgebung, Verwaltung und Volkswirthschaft im Deutschen Reiche, 1882, VI. Jahrgang, S. 1859.

schaftsunkosten, einschliesslich der Zinsen und des eigenen Arbeitslohnes, abzieht. Multiplicirt man den zu Gelde gemachten Reinertrag mit 25, als dem Multiplicator für den in den östlichen Provinzen allgemein üblichen Zinsfuss (4 %), so hat man die capitalisirte Landrente oder den capitalisirten Erbpachtskanon. Dieses Recht auf Kanon müsste zur ersten Stelle im Grundbuche des Erbpachtgrundstückes eingetragen werden. Demnächst wäre zu ermitteln, wie viel im Durchschnitt ein Scheffel resp. ein Centner Roggen in den vergangenen 18 Jahren in einer näher zu bestimmenden Stadt, vielleicht den Hauptabsatzort, des betreffenden Grundstücks gekostet hat. Dieser Roggenpreis wird für die nächsten 18 Jahre als Maassstab angenommen, so dass der Roggenwerth der vorangegangenen Periode den Roggenwerth der folgenden regulirt. Der Erbpächter hat dann jährlich den Werth von soviel Scheffeln resp. Centnern Roggen zu entrichten, als dem festgestellten Kanon in Gelde entspricht. Wir haben 18 Jahre gewählt, weil uns diese Zeit weder zu kurz noch zu lang erscheint, und weil dieselbe den bewährten Principien der preussischen Domainenverpachtung entspricht.

Ein Erbbestandsgeld, d. h. die Hingabe eines Kapitals bei Abschluss des Vertrages, welches die früheren Gesetzgebungen vorschreiben und woran auch noch Ruprecht[1]) festhält, aus dem Grunde, um ganz mittellose Leute von der Erbpacht fern zu halten, dürfte unseres Erachtens nicht wieder zu constituiren sein. Ruprecht findet in demselben ein Aequivalent für etwa überlassenes Inventar. Doch ist es, wie wir schon früher ausgeführt haben, nicht räthlich, Leute, die überhaupt noch kein Inventarium resp. das Geld dazu erspart haben, als Erbpächter anzunehmen und dürfte die Ueberlassung von Inventar deshalb regelmässig sich

---

1) A. a. O. S. 97, 103.

nicht empfehlen. Durch die Zahlung eines Erbbestandes würde der Erbpächter in seinem Betriebskapital zu sehr geschmälert werden. Wenn man dasselbe als eine Kaution auffasst, so dürfte das Interesse des Erbverpächters besser gesichert sein durch die Haftung des Inventars, welches Eigenthum des Erbpächters ist, sowie der stehenden und eingebrachten Früchte. Eine weitere Bürgschaft würde dem Erbverpächter der Umstand liefern, dass der Erbpächter verpflichtet sein muss, sämmtliche Gebäude nebst Zubehör, lebendes und todtes Inventar gegen Feuersgefahr, die Früchte gegen Hagelgefahr zu versichern. Sollten vom Erbpächter die Vertragsbedingungen nicht ordentlich eingehalten werden, oder sollte der Erbpächter die Bewirthschaftung des Grund und Bodens vernachlässigen oder denselben durch Raubbau aussaugen, das Inventar verringern und somit das Grundstück allmälig deterioriren, so dürfte es zweckmässig erscheinen, auf Antrag des Erbverpächters durch ein Schiedsgericht, bestehend aus vom Erbpächter und von der Behörde ernannte Sachverständige diese Fälle feststellen zu lassen und würde dadurch dem Erbverpächter das Recht erwachsen, dem Erbpächter den Vertrag zu kündigen. Ausserdem müsste dem Erbverpächter das Recht zugestanden werden, sich von dem Stande des Grundstücks alljährlich persönlich oder durch einen Bevollmächtigten zu überzeugen. Sodann muss für den Erbverpächter die Sicherheit gewonnen werden, dass die vererbpachteten Grundstücke dauernd dem angestrebten Zwecke d. h. der Schaffung eines mittleren Bauernstandes und der Herstellung eines sesshaften Arbeiterstandes gemäss verwendet und erhalten bleiben. Es müssen in dieser Hinsicht dem Erbpächter Beschränkungen auferlegt werden, wie sie allerdings mit dem Principe der vollen Freiheit des Grundeigenthums nicht ganz in Einklang gebracht werden können. Unseres Erachtens würden in dieser Hinsicht drei Einschränkungen genügen, nämlich Verbot der freien Parcellirung, Gewährung eines gesetzlichen Vorkaufsrechts und Consens zur hypothekarischen Belastung des vererbpachteten Grundstücks in einer bestimmten Höhe.

Was zunächst das Verbot der freien Parcellirung anbelangt, so stimmen sowohl Nasse[1]) wie Ruprecht[2]) darin überein, dass bei einem neu zu begründenden Erbpachtverhältnisse solches gesetzlich zu constituiren. Es muss dem Erbverpächter Sicherheit geboten werden dafür, dass das Grundstück seitens des Erbpächters zu dem Zwecke verwendet und erhalten bleibe, zu dem es errichtet ist. Würde die Parcellirung freigegeben werden, so würde jeder Besitzer eines solchen Grundstücks in der Lage sein, aus demselben mehrere kleine Häuslerstellen ohne Land einzurichten und auf diese Weise den angegebenen Zweck vollständig zu vereiteln. Es kann dadurch sehr leicht das Hereinziehen schlechter Elemente das Entstehen eines ländlichen Proletariats ermöglicht werden, es kann leicht eine in der Nachbarschaft befindliche etwa in Fabriken beschäftigte Bevölkerung Gelegenheit finden, sich auf dem überlassenen Terrain anzusiedeln und so die Armenunterstützung von dem eigentlich verpflichteten Fabrikanten auf die Erbpächter abwälzen. Endlich würde auch schon aus practischen Rücksichten[3]) das Verbot der Parcellirung aufrecht zu erhalten sein, weil durch Freigeben derselben die Einziehung des Kanons der lästigen Erhebung halber sehr erschwert, meistens bald unmöglich gemacht werden würde. Was die Theilung von Todeswegen beim Erbgange anbetrifft, so dürfte die mechanisch gleiche Theilung seitens des Erblassers ebenfalls zu beschränken sein, doch dürfte, wie schon oben ausgeführt ist, das von

---

1) A. a. O. S. 71, 74, 80.
2) A. a. O. S. 90.
3) Nasse a. a. O. S. 80.

Ruprecht[1]) befürwortete Anerbenrecht sich nicht empfehlen, vielmehr wäre die Individualisirung des Erbrechts d. h. indem darauf hingewirkt wird, dass der Erbpächter immer dem landwirthschaftlich tüchtigsten seiner Söhne das Gut übergiebt, und die andern, je nach der genossenen Erziehung abfindet, oder wenn dies nicht geht, das ganze Gut verkauft, hier weit besser am Platze.

Zur Erreichung der oben angeführten Zwecke ist auch unter allen Umständen die Afterverpachtung zu verbieten.

Eine zweite Beschränkung im Interesse des beabsichtigten Zweckes, wie auch im Interesse des Vererbpächters würde die Gewährung eines Verkaufsrechtes sein, durch welches der letztere gegen Unredlichkeiten und etwaige Umgehung jenes Zweckes geschützt sein würde. Wenn auch hiergegen eingewendet werden kann, dass dadurch die Neigung, ein solches mit diesem Rechte behaftetes Gut zu erwerben vermindert, der Preis schwankend gemacht und der Credit beschränkt wird, so ist dies doch neben dem Verbot der Parcellirung das beste Mittel, um den beabsichtigten Zweck zu erreichen und dadurch den Vererbpächter gegen böswillige Benachtheiligung seitens seines Erbpächters zu schützen, denn nur dadurch kann er verhindern, dass bei Veräusserungen nicht etwa ein Unfähiger oder gar ein Betrüger in die Erbpachtstelle einrücke oder ein ländliches Proletariat sich dort ansiedele.

Es könnte die Frage entstehen, ob es vortheilhafter wäre, dieses Verkaufsrecht als ein gesetzliches oder nur als ein vertragsmässiges anzusehen. Ruprecht[2]) ist gegen ein gesetzliches Vorkaufsrecht. Ein vertragsmässiges Vorkaufsrecht will er nur für Erbpachtungen von 2—3 ha

---

1) a. a. O. S. 86.
2) a. a. O. S. 86.

und darunter gestatten, weil bei solchen kleinen Stellen es dem Vererbpächter eben die Möglichkeit giebt, schlechte Wirthe und unliebsame Personen fern zu halten, während dies bei grösseren Erbpachtungen im Grossen und Ganzen nicht zutreffen würde. Ein Grund für diese Trennung ist jedoch nicht einzusehen. v. Wedell-Malchow [1]) befürwortet die Einführung eines gesetzlichen Vorkaufsrechts und dieses scheint uns auch das zweckmässigere zu sein. Derjenige, welcher eine Erbpachtstelle eingerichtet hat, hat es ja in der Hand, wenn er der Ansicht ist, dass durch den neuen Käufer oder Besitznachfolger der beabsichtigte Zweck erreicht wird, auf sein Vorkaufsrecht zu verzichten, während er andernfalls die Vereitelung dieses Zweckes durch Ausübung seines Vorkaufsrechts ermöglichen kann.

Endlich bleibt noch die Frage des Verpfändungsconsenses zu erledigen. Nasse [2]) und Ruprecht [3]) plaidiren für freie und unbeschränkte Verpfändung des Grundstücks. Unseres Erachtens würde es sich empfehlen, es dem Erbpächter freizustellen, eine Schuld bis zum dritten Theile der Höhe des capitalisirten Kanons, welche Quote allgemein der Anzahlung bei Käufen in den östlichen Provinzen entspricht, ohne Genehmigung des Erbverpächters, eintragen zu dürfen, eine fernere Schuld bis zur Hälfte dieses Capitals nur mit Genehmigung des Erbverpächters, darüber hinaus aber keinerlei Belastung des Grundstücks zu gestatten. Die Mecklenburgische Regierung hat durch Circulär vom 1, Mai 1869 [4]) bestimmt, dass jedem auf Erbpacht gehenden Hauswirthe auf seinen Wunsch zugestanden werden solle, unmittelbar hinter dem capitalisirten Kanon und vor den übrigen Forderungen der Kammer einen an-

---

1) Referate und Verhandlungen etc. S. 115.
2) a. a. O. S. 50, 79.
3) a. a. O. S. 82.
4) Circulair vom 1. Mai 1869. Anlage C.

gemessen abzurundenden Posten bis zur Hälfte des Kanoncapitals durch Eintragung auf eigenen Namen zu seiner freien Verfügung offen zu halten. Wir haben diese Grenze der Verpfändung noch enger gezogen, weil in unseren östlichen Gebieten das Aufnehmen von Schulden, die mehr dem persönlichen Bedürfnisse, als dem Grundstücke dienen, viel mehr im Schwunge ist. Die meisten hypothekarischen Schulden bestehen in der Aufnahme von Capitalien zur Auszahlung der Miterben, sowie in eingetragenen Kaufgeldern. Die Behauptung Ruprecht's,[1]) dass derartige Hypotheken in der Regel zur Durchführung von Meliorationen aufgenommen werden und dazu beitragen, die Rente des Erbverpächters noch mehr zu sichern, dürfte mindestens bei dem kleinen Grundbesitzer als unzutreffend erscheinen. Bildet die Belastung mit Hypothekenschulden zum Zwecke der Meliorirung schon bei grösseren Grundstücken die seltene Ausnahme, so ist dieselbe bei solchen Grundstücken, deren Erträgnisse den zum Unterhalt einer Familie nothwendigen Betrag nicht oder nur wenig übersteigen, völlig entbehrlich. Die Kosten, welche die Melioration von Grundstücken von 10—20 Morgen beansprucht, sind verhältnissmässig so unbedeutend, dass dieselben auch ohne Inanspruchnahme des Realcredits, wie die practischen Erfahrungen beweisen, bestritten werden können.[2])

Von verschiedenen Seiten ist nun, um die erwähnten socialpolitischen Zwecke zu erreichen, namentlich in dem letzten Decenium auf Parzellirung von Domainengrundstücken zum Verkaufe gedrungen. In Folge dessen ging der Finanzminister Camphausen im Jahre 1872 und den folgenden Jahren damit vor, die in Neuvorpommern im Kreise Grimmen belegene Domaine Vorland behufs Schaffung

---

[1]) a. a. O. S. 83.
[2]) Vergl. auch Gamp. Landwirthschaftl. Credit a. a. O. S. 150.

eines mittleren Grundbesitzes und eines sesshaften Arbeiterstandes durch Parcellirung zu veräussern. Die Resultate dieses Verfahrens haben nun leider ergeben, dass dasselbe möglicherweise zwar vom fiscalischen, keinen Falls aber vom socialpolitischen Standpunkte aus seinem eigentlichen Zweck entsprochen und die gehegten Erwartungen erfüllt hat. Die Regierung verkaufte aus der Domaine 3 Bauerstellen, 8 Käthnerstellen und 7 Wiesenparcellen, während sie den Rest der Domaine als neues Domainevorwerk auf 18 Jahre weiter verpachtete. Aus der von Sombart[1]) gemachten Zusammenstellung hatte die ganze Domaine Vorland gemäss der amtlichen Erhebung zur Grundsteuereinschätzung incl. Kirche, Pfarre, Schulen und sonstigem Besitze 50 Wohn- und Wirthschaftsgebäude mit 220 Seelen. Die Bonitirung der Grundstücke war folgende:

	Acker	Wiesen	Weide	Gärten
I. Kl.	7,94	—	—	—
II. =	534,64	32,99	—	10,06
III. =	501,79	501,79	7,13	10,06
IV. =	494,26	26,79	—	—
V. =	379,81	168,22	8,71	—
VI. =	503,09	262,68	—	—
VII. =	60,50	84,89	—	—
VIII. =	—	—	—	—
Summa	2482,03	575,57	15,84	10,06 Morgen Fläche
	5390,20	578,80	14,33	35,95 Thlr. Reinertrag.

Der Classificationstarif war folgender:

	I.	II.	III.	IV.	V.	VI.	VII.	VIII.
Gärten	180	150	120	81	54	42	24	—
Acker	150	120	81	54	42	24	15	—
Wiesen	150	120	90	60	39	18	6	—
Weide	90	60	42	24	15	8	6	—

1) Sombart-Ermsleben. Die Fehler im Parcellirungsverfahren der preussischen Staats-Domainen 1876. S. 13 ff.

Nun behielt Fiskus den guten Acker im Anschluss an das neu zu begründende Domainenvorwerk zurück und verkaufte den schlechten, nämlich den in entfernter Lage, zur Begründung neuer Ansiedelungen, indem die beiden ersten Ackerklassen von zusammen 115 ha lediglich der Domaine überwiesen wurden, und die bäuerlichen Pläne erst mit der dritten Ackerklasse begannen, hiervon aber auch nur 25 ha enthielten, während die Domaine davon 71 besass. In der vierten Klasse balancirten beide Complexe ziemlich genau. In der Klasse fünf bis sieben hingegen, in welcher mit Sicherheit nur Roggen und Hafer zu bauen war, reservirte der Fiskus für die Königliche Domaine nur 51, überwies hingegen den bäuerlichen Stellen 182 ha. Rechnungsmässig stellte sich nun heraus, dass der Domainenacker pro Hectar einen jährlichen Reinertrag von 32,17 Mark, dahingegen der bäuerliche einen solchen von nur 16,10 Mark hatte. Wenn es nun entschieden auch zweckmässiger gewesen wäre, eine gehörige Ausgleichung der Bodenklassen, wie sie eine Feldmark naturgemäss mit sich bringt, eintreten zu lassen, und nicht wie hier geschehen den Acker ohne alle Rücksicht auf die Qualität einfach der Fläche nach einzutheilen, so kam doch noch hinzu, dass der Fiskus, statt mit einer festen Amortisationsrente wenigstens auf 30 Jahre vorzugehen, verlangte, dass das Kaufgeld innerhalb 5 Jahren bezahlt und jedesmal der Rest mit 5 pCt. verzinst werden sollte, und dass, statt die Haushaltungsstellen in einem geschlossenen Dorfe, behufs Erreichung der Vortheile eines guten Gemeindelebens, zu etabliren, jeder Colonist gehalten wurde, mitten auf dem ihm zugetheilten Plane die nothwendigen Wohn- und Wirthschaftsgebäude auf seine Kosten aufzuführen. Während der Fiskus nur den nackten Grund und Boden verkaufte, war hingegen der Colonist contractlich verpflichtet, von seinem Grundstücke zunächst Wege, Hofraum und Baustellen ertragslos auszuscheiden und im offenen freien Felde, entfernt von jeglichen menschlichen Niederlassungen, die nöthigen Gebäude aufzuführen. Dass auf Grund solcher Bedingungen die Colonisten nicht prosperiren konnten, und vielleicht erst der zweite oder dritte Erwerber zu wirthschaftlichem Wohlstande gelangen wird, liegt auf der Hand. Aber wenn auch selbst in thesi die Verkaufsbedingungen günstiger und zweckmässiger gestellt sein sollten, wie die oben erwähnten, so hat doch immer der Verkäufer nicht die Garantie, dass die Grundstücke wirklich dem angestrebten Zwecke gemäss erhalten und verwendet werden, die Colonisten nicht gar bald in die Hände von geldsüchtigen Speculanten gerathen und mit Weib und Kind von dem Grundstücke vertrieben werden. Ebenso wenig lässt sich jener Zweck durch blosse Zeitpacht erreichen, da dem Pächter die Erfolge seiner Meliorationen und einer etwa eingeführten rationelleren Technik des Betriebes, deren Resultat nicht ganz zweifellos ist, niemals dauernd zu Gute kommen kann, derselbe vielmehr stets der Kündigung durch seinen Verpächter ausgesetzt ist. Auch wird sein Streben das Gut zu verbessern und zu erhalten nie ein dauerndes sein, er vielmehr bei günstiger Conjunctur geneigt sein, die Pachtung aufzugeben und anderwärts sich anzusiedeln. Das Gut ist, wie schon Thaer sich ausdrückte, des Eigenthümers Gattin, aber des Pächters Maitresse. Versöhnend und ausgleichend zwischen Pacht und vollem Eigenthum kann nur die Erbpacht wirken.

Fassen wir das von uns Gesagte in einem kurzen Resumé zusammen, so darf die Wiedereinführung der Erbpacht nur unter der Bedingung erfolgen, dass einerseits den berechtigten Forderungen der Landwirthschaft nach einer bessern Credit- und Vererbungsform Rücksicht getragen wird, andererseits aber nur soviel Beschränkungen zugelassen werden, als mit dem heutigen rationellen Betriebe vereinbar sind, und zwar haben wir als solche hingestellt:

Verbot der freien Parcellirung, Constituirung eines gesetzlichen Vorkaufsrechtes und Beschränkung der Creditnahme. Der materielle Zweck der Schaffung eines kräftigen bäuerlichen Mittelstandes, sowie eines sesshaften Arbeiterstandes soll bei allen Erwägungen, ob und inwiefern mit dem geltenden und auch von uns unangegriffenen Principe der Freiheit der Bauerngüter zu brechen sei, den Ausschlag geben.

Abschrift.　　　　　　　　　　　　　　　　Anlage A.

Verhandelt

Lichtfelde den 12. Januar 1821.

Vor dem Patrimonial-Gericht hierselbst gestellten sich im heutigen Termine für die Eigenthümer des Rittergutsantheils Lichtfelde No. 35 Littr. A:

I. Herr Hauptmann Nicolaus von Mlocki als General-Bevollmächtigter seines Vaters des Herrn Kammerherrn Ludwig von Mlocki,

II. Herr Hauptmann Anton von Danielski Namens seiner Ehegattin Anna geb. von Mlocka und seiner Schwägerin, der verwittweten Frau Marianna von Lada geb. von Mlocka,

und beziehen dieselben sich auf ihre in den General-Acten befindliche Vollmachten, und

III. folgende Colonisten auf dem Waldberge hierselbst:
1. Michael Mischewski,
2. Peter Hanselowski,
3. Gabriel Kommorowski,
4. Michael Warm,
5. Johann Hülsen,
6. Johann Fietkau,
7. Andreas Schwark,
8. Michael Gehrmann,
9. Jacob Maybaum,
10. Gottfried Lakowski,
11. Samuel Preuss,
12. Maurer Johann Kletzke,

13. Maurer Matthias Hülsen,
14. Johann Siebert,
15. Johann Wunder,
16. Jacob Malewski,
17. Johann Bujakowski,
18. Jacob Grunau,
19. Jacob Hübner,
20. Joseph Smolinski,
21. Andreas Cieszlinski und
22. Michael Gorreys,

die sämmtlich dem Gerichtshalter von Person und als dispositionsfähig bekannt sind und verlautbaren folgenden Erbpachts-Contract:

§ 1.

Von ihre auf dem Waldberge gelegenen und zum Rittergutsantheile Lichtfelde No. 35 Littr. A gehörigen Ländereien thun die oben genannten Gutsherrschaften in Erbpacht aus:

1. an den Michael Mischewski 3 Morgen culmisch gegen einen jährlichen Canon von 6 rtl. (Sechs Thaler),
2. an den Peter Hanselowski 3 Morgen culmisch gegen einen jährlichen Canon von 6 rtl. (Sechs Thaler),
3. an den Gabriel Kommorowski 1 Morgen culmisch gegen einen jährlichen Canon von 2 rtl. (Zwei Thaler),
4. an den Michael Warm 1 Morgen culmisch gegen einen jährlichen Canon von 2 rtl. (Zwei Thaler),
5. an den Johann Hülsen 2 Morgen culmisch gegen einen jährlichen Canon von 4 rtl. (Vier Thaler),
6. an den Johann Fietkau 3 Morgen culmisch gegen einen jährlichen Canon von 4 rtl. 7 sgr. 6 pf. (Vier Thaler sieben Silbergroschen sechs Pfennige),
7. an den Andreas Schwark 3 Morgen culmisch gegen einen jährlichen Canon von 4 rtl. 7 sgr. 6 pf. (Vier Thaler sieben Silbergroschen sechs Pfennige),

8. an den Michael Gehrmann 3 Morgen culmisch gegen einen jährlichen Canon von 4 rtl. 7 sgr. 6 pf. (Vier Thaler sieben Silbergroschen sechs Pfennige),
9. an den Jacob Maybaum 1 Morgen culmisch gegen einen jährlichen Canon von 1 rtl. 12 sgr. 6 pf. (Ein Thaler zwölf Silbergroschen sechs Pfennige),
10. an den Gottfried Lakowski 1 Morgen culmisch gegen einen jährlichen Canon von 1 rtl. 10 sgr. (Ein Thaler zehn Silbergroschen),
11. an den Samuel Preuss ein Stück Acker des Flächeninhalts von ungefähr $3^1/_2$ Morgen culmisch und zwar liegt dieses Land zwischen dem Acker des Gottfried Lakowski und dem Abwege nach Budisch gegen einen jährlichen Canon von 1 rtl. 10 sgr. (Ein Thaler zehn Silbergroschen) pro Morgen culmisch, und soll übrigens der eigentliche Flächen-Inhalt künftig näher festgestellt werden.
12. an den Johann Kletzke 8 Morgen culmisch gegen einen jährlichen Canon von 7 rtl. (Sieben Thaler),
13. an den Matthias Hülsen 2 Morgen culmisch gegen einen jährlichen Canon von 2 rtl. 20 sgr. (Zwei Thaler zwanzig Silbergroschen),
14. an den Johann Siebert 1 Morgen culmisch gegen einen jährlichen Canon von 1 rtl. (Ein Thaler),
15. an den Johann Wunder 4 Morgen culmisch gegen einen jährlichen Canon von 5 rtl. 10 sgr. (Fünf Thaler zehn Silbergroschen),
16. an den Jacob Malewski 1 Morgen culmisch gegen einen jährlichen Canon von 1 rtl. 10 sgr. (Ein Thaler zehn Silbergroschen),
17. an den Johann Bujakowski 1 Morgen culmisch gegen einen jährlichen Canon von 1 rtl. 10 sgr. (Ein Thaler zehn Silbergroschen),
18. an den Jacob Grunau $1^1/_2$ Morgen culmisch gegen einen jährlichen Canon von 3 rtl. (Drei Thaler),

19. an den Jacob Hübner ½ Morgen culmisch gegen einen jährlichen Canon von 1 rtl. (Ein Thaler),
20. an den Joseph Smolinski 3 Morgen culmisch gegen einen jährlichen Canon von 6 rtl. (Sechs Thaler),
21. an den Andreas Cieslinski 2 Morgen culmisch gegen einen jährlichen Canon von 4 rtl. (Vier Thaler),
22. an den Michael Gorries 1 Morgen gegen einen jährlichen Canon von 2 rtl. (Zwei Thaler),

preussisch Courant, und zwar alle diese Ländereien, sowie dieselben in ihren Grenzen liegen und den Erbpächtern bereits zugemessen und angewiesen worden.

§ 2.

Die Gutsherren wollen jedoch für die Richtigkeit des Acker-Maasses nicht aufkommen und da überdem die Erbverpachtung in Pausch und Bogen erfolgt, so soll wegen des Flächeninhalts weder von der einen noch von der andern Seite ein Entschädigungsanspruch stattfinden.

§ 3.

Die Uebergabe der Ländereien an die Erbpächter ist bereits im vorigen Jahre erfolgt, von wo ab denselben auch die Nutzungen gebühren.

§ 4.

Der Erbpachts-Canon wird auf den 2. Februar jeden Jahres an die Gutsherren bezahlt und ist den 2. Februar d. J. zum ersten Mal fällig.

§ 5.

Erbpächter sind verpflichtet, auf den ihnen vererbpachteten Ländereien die erforderlichen Wohn- und Wirthschaftsgebäude zu errichten, auch dieselben in einem baulichen Zustande zu erhalten und in der Königlichen Feuer-Societät ihrem wahren Werthe nach, oder wenigstens so hoch versichern zu lassen als sie zur Versicherung angenommen werden.

Die Versicherung muss gleich nach der Vollendung eines Gebäudes erfolgen, und sollten Erbpächter damit säumig sein, so steht den Gutsherren die Befugniss zu, die Versicherung bei den competenten Behörden in Antrag zu bringen und Erbpächter müssen sich solches gefallen lassen.

§ 6.

Es bleibt zwar der Willkühr der Erbpächter überlassen, wo und in welcher Art sie ihre Gebäude aufführen wollen, jedoch sind dieselben verpflichtet, gemauerte Schornsteine aufzuführen und überhaupt die Landes-Polizei-Gesetze zu beobachten.

§ 7.

Die Erbpächter verpfänden den Gutsherren die schon errichteten oder zu errichtenden Wohn- und Wirthschaftsgebäude, die Anpflanzungen und sämmtliche Einrichtungen, insbesondere aber auch das Vieh und Feld-Inventarium in der Art, dass ihnen diese Gegenstände für den Erbpachts-Kanon zuerst haften und der Kanon allen übrigen Gläubigern vorgeht.

§ 8.

Erbpächter sind zwar berechtigt, ihre Grundstücke zu veräussern, die Gutsherren behalten sich aber die Ertheilung des Consenses zu jeder Veräusserung vor und sind Erbpächter verpflichtet, bei jeder Veräusserung 3 Thaler Consens-Gebühr an die Gutsherren zu erlegen, von welcher Abgabe jedoch Kinder, Eltern, Geschwister und die hinterbliebenen Ehegatten entbunden bleiben.

§ 9.

Da auf dem Theile des Waldberges, der zum Rittergutsantheile Lichtfelde No. 35 Litt. A. gehört, eine königliche Contribution von 1 Thlr. 25 Sgr. haftet, so übernehmen Erbpächter die Berichtigung derselben und müssen zu derselben nach Verhältniss des Flächen-Inhalts ihrer Ländereien beitragen.

Diese Contribution muss von ihnen vom 1. Januar d. J. ab an die Königliche Casse abgeführt werden.

§ 10.

Die Abgaben und sonstigen Leistungen an die Kirchen, Schulen, Geistlichen und Kirchen- und Schul-Bedienten übernehmen Erbpächter und ihre Nachfolger im Besitz gleichfalls nach Verhältniss des Flächen-Inhalts ihrer Erwerbungen sowie dieselben darauf werden repartirt werden; und müssen dieselben sich dem unterwerfen, was dieserhalb der Staat festsetzen wird, im Fall keine Einigkeit zu Stande kommt.

§ 11.

Die Ländereien auf dem Waldberge haben nie zur Dorfschaft Lichtfelde gehört und haben daher zu den Dorf- und Societäts-Abgaben nichts beizutragen.

Da jedoch Erbpächter vorläufig unter Aufsicht des hiesigen Schulzenamts bleiben, so müssen sie zu den Ausgaben der Dorf-Kommune dasjenige beitragen, was die vorgesetzte Behörde festsetzen wird und bleibt es denselben überlassen, dieserhalb mit der gedachten Dorfschaft sich zu einigen.

§ 12.

Die Erbpächter auf dem Waldberge wünschen eine besondere Dorf-Gemeinde zu bilden, auch hat das Königliche Landraths-Amt des Kreises dieser Ortschaft bereits den Namen Friedrichsfelde beigelegt und wegen Regulirung des Communal-Wesens das Nöthige eingeleitet.

Die Gutsherren haben gegen diese Maassregel nichts einzuwenden, ertheilen daher den Consens dazu, dass die Eigenthümer zu Friedrichsfelde künftig eine besondere Dorf-Gemeine bilden, im Fall der Staat solches genehmigt und fügen nur die Bedingung hinzu, dass Erbpächter alle Lasten und Abgaben dieser Gemeine allein tragen müssen und daher die Gutsherren nicht verpflichtet sind, von den jetzt vererbpachteten Ländereien dazu irgend einen Beitrag zu leisten.

§ 13.

Ferner genehmigen die Gutsherren, dass sich auf den jetzt vererbpachteten Ländereien ein Krüger etablirt, im Fall die Staatsbehörden den Consens dazu ertheilen.

§ 14.

Den neuen Weg, der durch die vererbpachteten Ländereien gezogen worden, müssen Erbpächter in einen brauchbaren Stand setzen und in Zukunft unterhalten, und ein Gleiches gilt von allen sonstigen Einrichtungen, die die ganze Gemeinde betreffen.

§ 15.

Wegen Unglücksfälle aller Art, sie mögen Namen haben, wie sie wollen und wohin insbesondere auch die Kriegslasten ohne alle Ausnahme zu rechnen sind, haben Erbpächter keinen Erlass am Erbpachts-Kanon zu erwarten und soll ihnen selbst die nach Vorschrift der Landesgesetze den Erbpächtern etwa zustehende Remission nicht gebühren.

§ 16.

Sollte der Staat in Zukunft noch andere Abgaben und Lasten auf die vererbpachteten Ländereien legen, so müssen Erbpächter solche gleichfalls tragen und haben dieselben auch dafür keinen Erlass vom Erbpachts-Kanon zu fordern.

§ 17.

Die Gutsherren bewilligen die Abschreibung dieser Vererbpachtungen im Hypotheken-Buche des Rittergutsantheils Lichtfelde No. 35 Littr. A. und die Anlegung eines Hypothekenbuchs über diese Erbpachtsgerechtigkeit und die Erbpächter genehmigen es ausdrücklich, dass in dem neuen Hypotheken-Buche sub Rubr. II alle Einschränkungen, die dieser Contract festsetzt, insbesondere aber der von jedem zu entrichtende Erbpachts-Kanon vermerkt werde und zwar zur ersten Stelle.

§ 18.

Die Gutsherren übernehmen die Eviction wegen aller Ansprüche eines jeden Dritten an die jetzt vererbpachteten Ländereien.

§ 19.

Die dieser Vererbpachtungen wegen bei dem Hypothekenbuche des Ritterguts verfallenden Kosten übernehmen die Gutsherrn, alle übrigen, insbesondere aber die Kosten für die Anlegung der neuen Hypothekenbücher übernehmen die Erbpächter.

§ 20.

Contrahenten entsagen allen Einwendungen gegen diesen, wohl überlegt geschlossenen Erbpachts-Contract insbesondere aber dem Einwande der Verletzung über und unter der Hälfte und wie sie sonst Namen haben mögen. Dieselben tragen an:

zwei Ausfertigungen dieses Contracts Einem Königlichen Ober-Landes-Gericht von Westpreussen behufs Abschreibung der Vererbpachtungen im Hypotheken-Buche des Ritterguts, zu überreichen und da weiter nichts zu verhandeln war, so wurde vorgelesen, genehmigt und unterzeichnet

Anton v. Danielski.

Nicolaus v. Mlocki.

Hz. ✗ ✗ ✗ des Michael Mischewski.

Hz. ✗ ✗ ✗ des Peter Hanselowski.

Hz. ✗ ✗ ✗ des Gabriel Kommorowski.

Gehrmann.

Lakowski.

Preiss.

Kletzke.

Johann Siebert.

Hz. ╳ ╳ ╳ des Jacob Malewski.
Hz. ╳ ╳ ╳ des Johann Bojakowski.
Hz. ╳ ╳ ╳ des Jacob Grunau.
Hz. ╳ ╳ ╳ des Jacob Hübner.
Hz. ╳ ╳ ╳ des Joseph Smolinski.
Hz. ╳ ╳ ╳ des Michael Warm.
Fietkau.
Schwark.
Hz. ╳ ╳ ╳ des Jacob Maybaum.
Hz. ╳ ╳ ╳ des Matthias Hülsen.
Hz. ╳ ╳ ╳ des Johann Wunder.
Michael Gorriss.

a.   u.   s.

Hartwig.   **Krueger**
Patrimonialrichter. vereideter Protokollführer.

Anlage B.

Erbpacht-Contract.

über
die Hufe No.
zu
Amts

Schwerin, den

Wir Fr. Fr. etc.

Thun kund und geben hiemit zu wissen, dass Wir über die Erbpachthufe No.   zu
den nachfolgenden Erbpacht-Contract an Stelle des bisherigen ertheilt haben.

§ 1.

Wir anerkennen für Unser grundherrliches Interesse d

als erbpachtliche   Besitzer
der Hufe No.
zu
Amts
bestehend aus den in der Anlage A. verzeichneten Ländereien von

Hectar   Ar   ☐ M
(gleich   ☐ R.)

mit Zubehör.

Bemerkung (für die Amts- und Forstbehörden zur Instruction für die Handhabung dieses Formulars).
Wenn als Anlage A. nicht die Classentabelle des bisherigen Erbpacht-Contracts einfach oder mit unerheblichen Aenderungen beibehalten werden kann, so ist ein Feldregister nach dem Formular in der Anlage des Circulars vom 16. November 1871 anzuschliessen.

§ 2.

Von der Vererbpachtung ausbeschieden w   die Jagd zur beliebigen Ausübung.

Bemerkung: Bezüglich weiterer Reservationen ist nach der Instruction für neue Vererbpachtungen in Zusammenhalt mit den Reservationen des bisherigen Erbpacht-Contracts zu verfahren. Demnach kann z. B., je nach den Localverhältnissen, die Reservation eines Torflagers, welches sich auch zum herrschaftlichen Betriebe eignet, entweder beibehalten oder für die Aufgebung eine angemessene Gegenleistung bedungen werden.

§ 3.

Hinsichtlich des in der Anlage A. angegebenen Flächeninhalts der Ländereien, ihrer Classification als Garten, Acker, Wiese, Weide und Unbrauchbar, so wie der Bonität, also auch der Höhe des angegebenen Hufenstandes, wird Nichts gewährleistet.

§ 4.

Der bisherige Canon mit privatrechtlichen Neben-Erlegnissen wird capitalisirt zu

Bemerkung: 1) Der Scheffel Rostocker Maasses wird nur berechnet
für Roggen mit 1 Thlr. 8 β, demnächst 3 Mark 50 Pf.
= Waizen = 1 = 32 =   = 5 = — =
= Gerste = — = 42 =   = 2 = 63 =
= Erbsen = 1 = 10 =   = 3 = 63 =
= Hafer   = — = 33 =   = 2 = 6 =

2) Nebenerlegnisse werden (in ihrem bisherigen Betrage) capitalisirt, mit Ausnahme:
   a. der ordentlichen Hufensteuer mit Erhebungs-Gebühr und der Necessariengelder (als dem öffentlichen Rechte angehörig);
   b. der Erlegnisse für die Entfreiung vom Mahl- und Schmiede-Zwange, wenn nachweislich das Erlegniss nur vorüber-

gehend an die Stelle des Zwanges hat treten sollen
(also mit Ablauf des Jahres 1872 wegfällt);

c. der Quittungs-Gebühr und des Postgeldes, wenn das
ganze Capital in dem Termine des Contracts-Wechsels
(§ 12) ausgezahlt wird.

Auch werden Nebenerlegnisse in Korn nur nach den obigen
Preisen (Bemerkung 1) berechnet.

3) Der Gesammtbetrag dieser Ansätze wird auf Thaler, demnächst auf Mark, abgerundet und dann zu seinem 25 fachen Betrage capitalisirt. Selbst wenn in dem bisherigen Erbpacht-Contracte eine höhere Ablösung (z. B. zu $3^1/_2$ pCt.) bedungen ist, wird nur der 25 fache Betrag berechnet, vorausgesetzt, dass dem Erbpächter alles Uebrige, also auch der neue Contract, genehm ist.

4) Denjenigen Erbpächtern, welche für Canon- und Nebenerlegnisse an Korn während der jetzigen Canonperiode weniger als die obigen Preise zu entrichten haben, wird dieses Minus für die noch übrigen Jahre am Capitale gut gerechnet, jedoch unter Abzug eines Interusurium zu 4 pCt. (ohne Zinseszinsen) für die sofortige Gewährung der Vergütung auf alle Jahre. Beispielsweise werden also einem Erbpächter, welcher zu Johannis 1872 den neuen Contract empfängt, und bis Johannis 1875 für 96 Scheffel Roggen nur je 1 Thlr. zu zahlen hat, auf jedes Jahr für den Scheffel 8 ₰, also jährlich 16 Thlr.,
auf 3 Jahre gut gerechnet . . . . . . 48 Thlr. — ₰ — Pf.
jedoch nach Abzug von jährlich 1 Thlr.
44 ₰ 1 Pf. auf 3 Jahre . . . . . 5 ₰ 36 ₰ 3 ₰
so dass das Capital nur gekürzt wird um 42 Thlr. 11 ₰ 9 Pf.

Auf diese Schuld hat der Erbpächter in dem Termine des Contracts-Wechsels (§ 12) so viel abzutragen, dass die zunächst geringere durch 25 Thlr., demnächst 25 Mark, theilbare Summe als Capitalrest erreicht wird.

Das Capital (Kaufgeld)

5) Stellt der bisherige Erbpacht-Contract in keiner Weise, also auch nicht einmal bedingt, eine Ablösung des Canons in Aussicht, so treten hinsichtlich der einstweiligen Beschränkung der Abzahlung, Verzinsung u. s. w. die gewöhnlichen Bestimmungen der neueren Contracte ein.

Also:

„Das Capital (Kaufgeld) steht zu vier pro Cent Zinsen,
„welche in Quartalraten allemal 14 Tage vor dem Ab-
„laufe eines Quartals an die anzuweisende Stelle Unserer

„Verwaltung — bis auf Weiteres an unser Amt —
„von dem Erbpächter auf seine Gefahr und Kosten
„gezahlt werden. Dieser Posten wird für Unsere
„Cammer in die dritte Abtheilung des Grund- und
„Hypothekenbuchs der Hufe auf Kosten des Erbpächters
„eingetragen, und zwar als erstes Geld und ohne dass
„ein anderer Posten gleichsteht.
„Das Capital kann, abgesehen von Concursfällen,
„nicht abgetragen werden, bis etwa Wir oder Unsere
„Nachfolger in der Regierung die Kündbarkeit solcher
„Capitalien allgemein aussprechen und regeln sollten."

6) Ist aber in irgend einer Weise eine Ablösung (Abzahlung) des Canons im bisherigen Contracte berücksichtigt, z. B.:
„Sollte Erbpächter auf Ablösung des Canons antragen,
„und solche demselben von Uns bewilligt werden, oder
„ein künftiges Gesetz ihm die Befugniss dazu ertheilen,
„so findet solche nach dem Zinsfusse von $3^1/_2$ pCt. statt,"
so kann Erbpächter wählen, ob er das ganze Capital in dem Termine des Contract-Wechsels (§ 12) auszahlen, oder dasselbe von seiner Seite kündbar behalten will. Im letztern Falle würde also die Fassung unter Bemerkung 5 beibehalten, der letzte Satz jedoch lauten:
„Das Capital kann Erbpächter halbjährig zu den landes-
„üblichen Terminen kündigen. — Unsere Verwaltung
„kann dagegen, abgesehen von Concursfällen, die Aus-
„zahlung nicht verlangen, bis etwa Wir oder Unsere
„Nachfolger in der Regierung die Kündbarkeit solcher
„Capitalien allgemein aussprechen und regeln sollten."

7) Werden Veränderungen beantragt, welche der Zustimmung eingetragener Gläubiger bedürfen, so muss aus der amtlichen Vorlage zu entnehmen sein, ob solche Gläubiger vorhanden sind und dass entweder deren Zustimmung dem Amte vorliegt, oder von der Verwaltung des Domanial-Capital-Fonds die Mittel zu ihrer Auszahlung zu dem Termine des Contract-Wechsels (§ 12) zugesichert sind.

Soviel übrigens das grundherrliche Interesse betrifft, bedarf es keines Nachweises der creditorischen Zustimmunng, wenn lediglich ein neuer Normalcontract an die Stelle des ältern tritt, also der Inhalt des Grund- und Hypothekenbuchs, abgesehen von der Tilgung des Canons, nicht berührt wird (Gesetz vom 2. Januar 1854, § 5. Nro. 1).

§ 5.

Wegen Misswachses, Viehsterben, Feuer-, Hagel-, Wasser-, Sturm- und Wildschaden, Mäuse-, Wurm- und Schneckenfrass, sowie wegen Kriegserleidungen, überhaupt aus Zu- und Unglücksfällen wird eine Entschädigung von Seiten Unserer Verwaltung nicht gewährt.

§ 6.

Die Bewirthschaftung und Benutzung des Erbpachtgrundstücks steht zur freien Entschliessung des Erbpächters. Dasselbe soll jedoch eine selbstständige landwirthschaftliche Nahrungsstelle sein und bleiben. Insbesondere

1) darf das Erbpachtgrundstück nicht parcellirt werden, vorbehältlich späterer Beschränkungen dieses Verbots durch Gesetz oder Statut.

2) Unzulässig ist die Consolidation oder auch nur die wirthschaftliche Zusammenziehung mit einem andern Grundstücke. Deshalb muss denn auch Erbpächter dafür sorgen, dass auf dem Grundstücke stets die zur eigenen Bewirthschaftung erforderlichen Wohn- und Wirthschafts-Gebäude vorhanden sind.

§ 7.

1) Etwa noch bestehende Verpflichtungen zur Gewährung von Alten-

theilen, Alimenten und Gehöftsaussteuern aus der Zeit vor der Vererbpachtung der Hufe, einschliesslich etwaniger Rückstände, hat Erbpächter, ohne Vergütung von Seiten Unserer Verwaltung, zu übernehmen.

Bemerkung: Hat die Forst bei Altentheilen aus der Zeit vor dem 1. Juli 1864 (Circular vom 11. April 1864) noch Feurung an Altentheiler des Gehöfts abzugeben, so ist dieselbe dem Erbpächter aufzuerlegen.

2) Bisherige Belastungen bezüglich der Mitbenutzung gewisser Theile der Hufe, als der Sand-, Kies-, Lehm- und Mergelgruben, desgleichen privativer Wege für Forstreservate und andere Grundstücke, behalten Bestand, es sei denn dass die Mitbenutzung durch eine andere Eintheilung der Feldmark zweifellos entbehrlich geworden.

Bemerkung: Die Instruction zu § 9 Nro. 2 des Formulars für neue Vererbpachtungen findet hier geeignete Anwendung.

§ 8.

Alle Steuern, Abgaben und Leistungen an Uns als Landesherrn, die Kirche, Pfarre, deren Witthum, Küsterei und Schule, sowie zu administrativen, polizeilichen und gemeinnützigen Einrichtungen für den Ort, einzelne Theile des Orts oder Classen seiner Bewohner, oder auch für grössere Bereiche, überhaupt alle aus dem öffentlichen Rechte der Gegenwart und Zukunft fliessenden, das Grundstück ergreifenden Verbindlichkeiten werden ausschliesslich vom Erbpächter, mithin zu keinem Theile von Unserer Verwaltung getragen.

§ 9.

In Verkaufsfällen bleibt Unserer Cammer das Vorkaufsrecht für das Grundstück mit Zubehör nach folgenden Bestimmungen vorbehalten:

1) Unsere Cammer kann von dem Vorkaufsrechte auch zu Gunsten Dritter insbesondere der Gemeinde, Gebrauch machen.

2) Wenn bei einem Zwangsverkaufe, welcher das Erlöschen der zur dritten Abtheilung des Grund- und Hypothekenbuches eingetragenen Pöste zur Rechtsfolge hat, der Käufer, gegen welchen Unsere Cammer das Vorkaufsrecht geltend macht, zu den intabulirten Gläubigern gehört, und nun mit seinen eingetragenen Forderungen ganz oder theilweise ausfällt, so hat Unsere Cammer diesen Ausfall zu decken.

3) Ist in dem Kaufcontracte die Eintragung rückständiger Kaufgelder vereinbart, so werden letztere bei Ausübung des Vorkaufsrechts auf Verlangen Unserer Cammer bei der Uebergabe des Grundstücks ausgezahlt.

4) Erbpächter muss das Haupt-Exemplar des Kaufcontracts bei dem Amte einreichen und die Erklärung über die Ausübung des Vorkaufsrechts vier Wochen abwarten. Wenn dieselbe binnen dieser Zeit nicht erfolgt, so wird eine Verzichtleistung für diesen Veränsserungsfall angenommen.

§ 10.

1) Der Erbpachtbesitz kann nur einer Person zustehen. Zulässig ist jedoch der ungetheilte Besitz mehrerer Erben des letzten Besitzers bis zur Erbschaftstheilung.

2) Jede in der Person des Besitzers eintretende Veränderung bedarf Unserer Anerkennung. Der neue Erwerber muss dieselbe binnen 3 Monaten nach Eintritt des Rechtsgrundes, durch welchen die Veränderung veranlasst worden, bei dem Amte nachsuchen. Die Frist fängt vom Zeitpunkte der Auseinandersetzung an, wenn eine Erbschaft getheilt ist.

Für die Anerkennung werden nur die Stempelkosten und die Cammer-Canzlei-Gebühren nach der jedesmal geltenden Taxe erlegt:

in Verlassenschaftsfällen,

bei Zwangsverkäufen, welche das Erlöschen der zur dritten Abtheilung des Grund- und Hypothekenbuches eingetragenen Pöste zur Rechtsfolge haben, wenn ein Blutsverwandter des letzten Besitzers bis zum vierten Grade einschliesslich das Grundstück erwirbt.

In allen übrigen Fällen sind ausserdem zwei Procent des Werthes der Hufe mit Zubehör — also auch mit Saaten, Bestellung, Heu, Stroh und Dung — zu entrichten. Der Werth wird in Verkaufsfällen nach dem Kaufpreise berechnet. In andern Fällen tritt eine billige Veranschlagung durch Unsere Cammer ein.

Alle diese Erlegnisse werden mit Vollziehung der Bestätigungsakte fällig und können bei Veräusserungen unter Lebenden auch von dem Veräusserer wahrgenommen werden.

§ 11.

Für die Ertheilung dieses Contractes hat Erbpächter nur die Stempelkosten und die Cammer-Canzlei-Gebühren — auch für das dem Amte zugehende Exemplar — nach den jedesmal geltenden Taxen zu entrichten.

Bemerkung: 1) Da der gegenwärtige Contract an die Stelle des alten, mit dem gesetzlichen Stempel versehenen tritt, so ist für das Haupt-Exemplar, nach § 18 No. 3 der Stempelordnung von 1827, ein Stempel von 16 ß ausreichend.

2) Cammer- und Amts-Gebühren für noch hinterstellige Jahre einer Canonperiode werden nicht erstattet.

§ 12.

Dieser Erbpacht-Contract tritt mit Johannis an die Stelle des bisherigen, vorausgesetzt, dass Erbpächter Alles, was ihm bis dahin obliegt, getreulich erfüllt.

§ 13.

Erbpächter verpfändet für die Erfüllung dieses Contracts sein gesammtes jetziges und zukünftiges Vermögen und entsagt allen Einreden, insbesondere der Verletzung über die Hälfte.

Zur Urkunde alles Vorstehenden ist dieser Contract doppelt ausgefertigt und das mit Unserm Handzeichen und Cammer-Insiegel versehene Exemplar dem Erbpächter, gegen Vollziehung und Rückgabe des zweiten Exemplars, behändigt.

Gegeben durch Unser Finanz-Ministerium, Abtheilung für Verwaltung der Domainen und Forsten.

Schwerin, den

Anlage C.

Unter den auf Erbpacht gehenden Hauswirthen ist angeblich die Befürchtung rege geworden, dass es ihnen demnächst an Realcredit fehlen werde, weil die Forderungen der Cammer den Credit des Grundstücks erschöpften. Se. Königliche Hoheit der Grossherzog theilen diese Befürchtung nicht und haben zu bestimmen geruht:

dass jedem auf Erbpacht gehenden Hauswirthe auf seinen Wunsch zugestanden werde, unmittelbar hinter dem capitalisirten Canon und vor den übrigen Forderungen der Cammer einen — angemessen abzurundenden — Posten bis zur Hälfte des Canon-Capitals durch Eintragung auf eigenen Namen zu seiner freien Verfügung offen zu halten.

Beamte haben jeden auf Erbpacht gehenden Hauswirth zur geeigneten Zeit mit dieser Allerhöchsten Bewilligung bekannt zu machen.

Schwerin, den 1. Mai 1869.

G. M. Cammer.

An
sämmtliche Aemter.

Anlage D.

Formular
eines neu zu begründenden Erbpachtsvertrages.

Zwischen dem Herrn A. als Vererbpächter und dem Herrn B. als Erbpächter ist heute über die Vererbpachtung des Grundstücks N. N. der nachfolgende Vertrag abgeschlossen worden.

§ 1.

Herr A. überlässt vom heutigen Tage ab dem Herrn B. das Grundstück N. N. mit einem Flächeninhalte von 50 Mrg. preussisch oder $12^{3}/_{4}$ ha zum Eigenthum. Herr B. erkennt an, dass ihm dasselbe zum Besitze bereits übergeben worden sei.

§ 2.

Gleichzeitig überlässt Herr A. dem Herrn B. die auf dem Grundstücke bereits vorhandenen Wohn- und Wirthschafts-Gebäude. Das zur Zeit vorhandene todte und lebende Inventar, sowie die vorhandenen Natural-Vorräthe an Getreide, Futtermitteln u. s. w. sind in den Pachtvertrag nicht mit eingeschlossen. Der Pächter übernimmt dieselben nach Massgabe der anliegenden, speciellen Nachweisungen, welche er als richtig anerkennt, gegen Zahlung einer Geldsumme von 3000 Mark, welche spätestens binnen vier Wochen, vom heutigen Tage ab gerechnet, zu entrichten ist.

§ 3.

Dagegen verspricht Herr B. dem Herrn A. für den überlassenen Grund und Boden einen jährlichen Canon von einem Centner Roggenwerth pro Morgen, welcher zur Zeit auf den Geldwerth von 8 Mark festgesetzt wird und demnächst nach Ablauf von 18 Jahren stets wieder neu regulirt werden soll.

Der stipulirte Canon ist zahlbar in halbjährlichen am 2. Januar und 1. Juli jeden Jahres pränumerando zu entrichtenden Raten. Derselbe beträgt mithin für 50 Morgen oder 12³/₄ ha 50 Ctr. Roggenwerth oder 400 Mark. Für die überlassenen Gebäude wird ein Viertel des jährlich zu zahlenden Roggenwerthes von 100 Mk. angenommen. Diese 100 Mark hinzugezogen, beträgt der Canon 500 Mark oder 62½ Centner Roggenwerth pro anno, welche in das Grundbuch des überlassenen Grundstücks zur ersten Stelle eingetragen werden sollen, worin Herr B. ausdrücklich willigt.

§ 4.

In Zukunft wird nach Ablauf von je 18 jährigen Perioden der für die folgende Periode zu zahlende Canon in der Art neu regulirt, dass der durchschnittliche Roggen-Marktpreis in der Stadt N. N. für die zuletzt abgelaufene, 18 jährige Periode ermittelt und der Geldbetrag des demnächst zu zahlenden Canons so hoch festgesetzt wird, dass er dem Werthe von 62½ Centnern Roggen entspricht. Hat z. B. der durchschnittliche Roggen-Marktpreis während der letzten 18 Jahre 8,50 Mark betragen, so sind für die folgenden 18 Jahre 531.25 Mark an jährlichem Kanon zu zahlen. Für die Normirung der Höhe der jährlichen Durchschnittsmarktpreise sind die amtlichen Publicationen der Handelskammer in der Stadt N. N. resp. die Amtsblatts-Publicationen der Regierung zu N. N. massgebend. Die nächste Neuregulirung des Geldbetrages des Erbpachts-Canons findet am 1. Juli des Jahres 1902 für die Periode von 1902—1920 statt.

§ 5.

Herr B. darf eine Theilung des überlassenen Grundstückes unter keinerlei Umständen vornehmen. Eine Verpfändung desselben ist ihm ohne Genehmigung des Herrn A. nur bis zu ⅓ des mit 25 multiplicirten Canons oder 4166 Mk. gestattet. Eine Verpfändung bis zur Hälfte oder 6250 Mk. ist ihm mit Genehmigung des Herrn A. gestattet. Eine Verpfändung darüber hinaus bleibt ausgeschlossen. Ebenso bleibt eine Afterverpachtung des Grundstücks oder einzelner Theile unter allen Umständen ausgeschlossen.

§ 6.

Bei dem Uebergange des vererbpachteten Grundstücks in andere Hände im Falle einer freiwilligen Veräusserung bleibt Herrn A. das gesetzliche Vorkaufsrecht vorbehalten.

§ 7.

Im Falle eines Erbganges darf dasselbe nicht unter mehrere Erben getheilt werden, sondern muss stets in einer Hand bleiben.

§ 8.

Herr A. haftet nicht für die angegebene Grösse des vererbpachteten Grundstücks, sowie für die Qualität desselben. Ueberhaupt wird das Grundstück verpachtet in Pausch und Bogen, wie es sich augenblicklich befindet. Herr B. entsagt allen Ansprüchen auf eine weitere Gewährleistung; er verzichtet namentlich auch in jeder Beziehung auf den Einwand, dass das Grundstück bisher unrichtig bewirthschaftet worden sei.

§ 9.

Herr B. ist zwar bezüglich des übernommenen Erbpachtgutes an keine Vorschriften gebunden, verpflichtet sich aber, dasselbe wie ein guter Landwirth nach rationellen, öconomischen Grundsätzen zu bewirthschaften, auch die Gebäude in gutem Zustande zu erhalten und, wenn nöthig, durch Neubauten zu ersetzen. Er ist ferner verbunden, alle Gerechtsame des Grundstücks aufrecht zu erhalten, das Aufkommen bisher nicht bestandener Servituten zu verhüten und dem Herrn A. von etwaigen neuen Eingriffen sobald als möglich Anzeige zu machen. Ebenso verpflichtet sich Herr B., die Grenzen des Grundstücks zu schützen, das Abpflügen und sonstige Beeinträchtigungen nicht zu dulden und vorkommende derartige Ereignisse sobald als möglich zur Anzeige zu bringen.

§ 10.

Das erzeugte Stroh, sowie den erzeugten Dünger soll Herr B. möglichst zum Besten des überlassenen Grundstücks verwenden.

§ 11.

Remissionen am Kanon finden nicht statt. Herr B. verzichtet auf alle Remissionsansprüche.

§ 12.

Alle auf dem Grundstück ruhenden Lasten und Abgaben trägt Herr B.

§ 13.

Zur Sicherheit des Herrn A. haftet das von Herrn B. gehaltene auf dem Grundstücke befindliche Inventar, die stehenden, sowie die eingebrachten Früchte. Herr B. verpflichtet sich, sowohl zur Sicherheit des Herrn A., als auch zu eigenem Besten auf seine Kosten sämmtliche Gebäude nebst Zubehör, sowie das Inventar gegen Feuersgefahr und die Früchte gegen Hagelgefahr zu versichern.

§ 14.

Sollten die Vertragsbedingungen seitens des Herrn B. nicht ordentlich eingehalten werden oder derselbe die Bewirthschaftung des Grund und Bodens vernachlässigen, denselben durch Raubbau aussaugen oder sonst das Grundstück deterioriren, so ist dies auf Antrag des Herrn A. durch ein Schiedsgericht festzustellen, bestehend aus einem vom Herrn A., aus einem vom Herrn B. und einem vom Kreisausschusse als Obmann ernannten landwirthschaftlichen Sachverständigen, und berechtigt die Feststellung eines contractwidrigen Verfahrens den Herrn A. zur sofortigen Kündigung des Erbpachtvertrages.

Auch alle sonstigen zwischen den contrahirenden Theilen sich erhebenden Meinungsdifferenzen, bezüglich der Auslegung und Handhabung dieses Vertrages, verpflichten sich dieselben, dem gleichen Schiedsgerichte unter Ausschluss des gerichtlichen Verfahrens, zur Entscheidung vorzulegen.

§ 15.

Dem Herrn A. wird das Recht zugestanden, alljährlich 2 Mal von dem wirthschaftlichen Zustande des vererbpachteten Gutes, sei es persönlich, sei es durch einen Bevollmächtigten, sich zu überzeugen.

§ 16.

Ausser den in dem Paragraphen 14 genannten Fällen kann die Aufhebung des Erbpachtvertrages nur unter beiderseitiger Einwilligung der beiden Herren Contrahenten erfolgen.

§ 17.

Die Kosten dieses Vertrages trägt Herr B.

N. N., den 1. Juli 1884.

Thesen.

1) Das Erbpachtverhältniss in seiner früheren Form hat sich zwar überlebt; es lässt sich demselben aber eine Gestaltung geben, unter welcher es auch unter den heutigen Verhältnissen anwendbar und zweckmässig ist.

2) Die grundbesitzenden ländlichen Arbeiter bilden die wirthschaftlich und sittlich am Höchsten stehende Klasse der ländlichen Arbeiter überhaupt. Die Vermehrung derselben in den Gegenden, wo sie jetzt noch spärlich vertreten sind, liegt im Interesse der Landwirthschaft, wie im Interesse der gesammten socialen Entwickelung.

VITA.

Natus sum Oscarus Wunderlich die XVII m. Martii anno 1850 in vico Lichtfelde, in Borussia occidentali, patre Rudolpho, matre Joanna e gente Wunderlich. Fidem profiteor evangelicam. Primis litterarum elementis domi imbutus in gymnasium Marieneburgense migravi, quod tum sub auspiciis spectabilis Breiteri directoris florebat. Anno 1869 testimonio maturitatis instructus in academiam Berolinensem me contuli, ubi ab illustrissimo du Bois-Reymond, rectore magnifico, inter cives academicos receptus sum. Postquam per novem semestria in quattuor academiis studiis jurisprudentiae incubui, vere 1874, examine pro referendariatu feliciter superato, praxim juris discere suscepi. Anno 1881 denuo inter cives academicos Albertinae receptus, a Webero eo tempore decano spectabili, ordini philosophorum ascriptus sum. Regimonti per quattuor semestria studiis me dedi imprimis rerum cameralium atque agriculturae.

Scholis interfui horum splendidissimorum virorum:

Berolini: **Baron, Gierke, Gneist, Heffter, Heydemann, Krueger, Schmidt, Skrzeczka, Trendelenburg.**
Viennae: **Arndts, Hanslick, Jhering.**
Lipsiis: **Ahrens, Biedermann, Fricke, Friedberg, Hermann, Osterloh, Schmidt.**
Vratislaviae: **Gierke.**
Regiomonti: **de Goltz, Grau, Kissner, Marck, Pelka, Richter, Ritthausen, Schade, Umpfenbach, Walter.**

Quibus viris omnibus, qui studia mea auxerunt, illustrissimis, gratias ago quam habeo maximas, gratiasque semper habebo.

✳